学生のためのPython

本郷健・松田晃一 著

シンプルで可読性に優れているPython言語を学ぶ課題演習型テキスト. 例題に沿って学習をすることで, プログラミングの基礎, Pythonの文法が身につきます. 基礎編では簡単な命令でPythonの動作を確認します. 実践編ではタートルグラフィックスを使い, 図形を描くことでプログラミングを理解できるようにしています. 楽しみながら確実に実力のつくテキストです.

TDU 東京電機大学出版局

本書に記載されている社名および製品名は，一般に各社の商標または登録商標です．
本文中では，™および®マークは明記していません．

- 本書に掲載されている『例題』，『練習問題』のプログラムリストと解答をホームページから
  ダウンロードすることができます。

東京電機大学出版局ホームページ
　　　https://www.tdupress.jp/
　　　［トップページ］⇨［ダウンロード］⇨［学生のための Python］

まえがき

　本書は，コンピュータプログラミングを学び始めようとしている人が，コンピュータに向かい，例題を解きながら，プログラミングの基礎と考え方を修得できるようにまとめました．高度なテクニックや巧みな使い方よりも，プログラミングの基本的な考え方や仕組みを学んでみたい人，これからコンピュータ言語を子供たちと一緒に学んでみたい，できれば指導してみたいと考えている人，高校や大学でプログラミングを初めて学ぶ人，将来自分の仕事につながるような発展性・応用性のある知識や考え方を身に付けたいと考えている人を対象としています．

　プログラミング言語は思考の道具です．考えていることを素直に表現し，実行できる開発環境が大切です．Pythonはこの条件を満たす十分な機能を備えています．

　本書の編集方針は，以下のとおりです．

- プログラミングの学習は，教えてもらうより自ら手を動かして慣れろといわれます．例題をまず実行します．実行結果と必要なプログラムを載せてあります．実行した後に基本事項や考え方，必要な知識を身に付けます．
- 重要事項には練習問題を用意しています．練習問題を解くことで理解が深まります．
- 基本を重視していますので，授業の教科書・解説書として使えます．
- 特に，初期段階で間違いやすい箇所を意識して解説していますので，読みながらコンピュータを動作させて学ぶ，自習書として利用することができます．

　筆者らは，プログラミング言語をデザインや情報を表現するための道具として，また情報学を理解するための教材として，学生に指導してきた経験が基礎にあります．

　本書は，大妻女子大学社会情報学部情報デザイン専攻の2年次前期の演習で行っている「プログラミングの基礎」の講義資料をもとに，また将来教壇に立ちプログラミングの指導を行う教育学部の学生のための「プログラミング教育」の講義資料をもとにPython用に書き直したものです．実際の演習では1人1台のPCが与えられた環境で，本書に書かれた内容を資料を用いて説明するだけでなく，関連する演習をその場で行い，目や耳から入った知識を実際に手で形にしていく授業スタイルをとっています．このことで教える側が学生のいろいろなつまずきを実際に体験することができます．そのたびに演習の資料を作り直してきました．

　本書では紙面の都合からそのすべてを盛り込むことはできませんでしたが，その一部でも伝わることで，初学者がプログラミングの基礎を学ぶ際の手助けになれば幸いです．

2017年8月

筆者一同

目次

序章	Python でプログラミングをはじめよう	**1**

0.1 急遽展開される我が国のプログラミング教育 1

0.2 Python の教育用言語としての魅力 2

0.3 Python の特徴 3

　1 生い立ち 4

　2 特徴 4

0.4 Python の開発環境を構築する 5

第 Ⅰ 部　基礎編

第 **1** 章	プログラムを作成し動作を確認する	**10**

1.1 インタラクティブシェルとは何か 10

1.2 インタラクティブシェルでの実行 11

1.3 プログラムの作成，実行，保存 15

第 **2** 章	変数と計算	**22**

2.1 計算してみる 22

　1 データ型と演算子 22

　2 算術演算子 23

　3 代入演算子 25

2.2 変数を使う 27

　1 変数名の付け方 27

　2 変数の使い方 29

第 **3** 章	文字列，リスト，タプル，辞書	**32**

3.1 文字列 32

　1 文字列データの定義 33

　2 文字列の操作 34

3.2	リスト	35
	1 リスト型データの作成	36
	2 要素へのアクセス	37
	3 要素の変更と追加	39
	4 要素の削除	41
	5 リストの連結と拡張	42
3.3	タプル	43
	1 タプル型データの作成と要素へのアクセス	44
	2 タプルからリストへの変換	44
3.4	辞書	45
	1 要素へのアクセス	46
	2 要素の変更と追加	47
	3 要素の削除	48

第4章 制御構造を知る　49

4.1	if 文	49
	1 数値処理で学ぶ	49
	2 比較演算子	51
	3 論理値	52
	4 論理演算子	53
	5 else 文，elif 文	54
	6 Turtle Graphics で学ぶ	56
4.2	while 文	60
	1 数値処理で学ぶ	61
	2 while 文の動作	62
	3 Turtle Graphics で学ぶ	64
4.3	for 文	66
	1 数値処理で学ぶ	67
	2 文字列型，タプル型，辞書型	68
	3 2 重 for ループ	71
	4 Turtle Graphics で学ぶ	72
4.4	break 文と continue 文	73
	1 break 文	73
	2 continue 文	74

目次

第 II 部　実践編

第 5 章　Turtle Graphics を使ってみよう　　　78

5.1 Turtle Graphics の準備をする 78

5.2 Turtle を動かしてみる 79
- **1** 動きの基本命令 80
- **2** 方向の表現 80
- **3** 色の表現 83

5.3 よく使われる Turtle クラスのメソッド 84

5.4 よく使われる Screen クラスのメソッド 87

5.5 複数の Turtle を動かす 89
- **1** 複数の Turtle の作り方とメソッドの伝え方 89

練習問題 93

第 6 章　関数とモジュール　　　96

6.1 関数を定義する 96
- **1** 初めて関数を定義する 96
- **2** 定義した関数を利用する 97

6.2 引数を使う関数 98
- **1** 引数を使う 98
- **2** 複数の引数（位置引数）を使う 100
- **3** オプションの引数 102

6.3 戻り値とは 104
- **1** 数値データを戻り値として返す関数 104
- **2** 文字列データを返す関数 105
- **3** 複数の値を返す関数（数値や文字） 106
- **4** リストの実引数を渡して，数値を返す関数 108
- **5** 補足 110

6.4 変数のスコープ 111
- **1** ローカル変数（局所変数）とグローバル変数（大域変数） ... 111
- **2** グローバル変数の挙動 112

6.5 関数に値を渡す方法 113
- **1** 変数と参照 113

6.6 再帰呼び出しする関数 115

6.7 モジュールを利用する 118
- **1** モジュールを読み込む方法 119
- **2** 使い分けの注意 121

練習問題 121

目次

第7章 クラスとオブジェクトを使う 127

7.1 クラスとオブジェクトの関係 129
- **1** オブジェクトをどう作るの？ 129
- **2** 今まで体験したことをオブジェクト指向の視点から再整理 131

7.2 クラスを定義する 134
- **1** クラスの定義と構成要素 135
- **2** クラスからオブジェクトの生成 135
- **3** クラス変数 137
- **4** オブジェクト変数 139
- **5** クラス変数やオブジェクト変数の特性 139

7.3 メソッドの定義 141
- **1** 引数 self の働き 143
- **2** 複数の引数を受け取るメソッド 145
- **3** メソッドの中での変数の扱い 146
- **4** コンストラクター（constructor） __init__ 147
- **5** デストラクター（destructor） __del__ 151

7.4 継承（inheritance） 152
- **1** オーバーライド（override） 155
- **2** 子クラスから親クラスのメソッドや変数を呼び出す 155
- **3** 多重継承 157

練習問題 159

第8章 ファイル処理 166

8.1 ファイル処理の基礎知識 166
- **1** ファイル保存のデータについて 166
- **2** テキストファイルの文字コードについて 166
- **3** ファイルの基礎知識 167

8.2 ファイル処理の基本操作 167
- **1** テキストファイルへの保存（書き込み） 168
- **2** テキストファイルへのデータの追記 171
- **3** テキストファイルからのデータの読み込み 172
- **4** with 文 176

練習問題 181

参考文献 182

索引 183

序章　Pythonでプログラミングをはじめよう

　プログラミング教育が小学校から学校教育に導入されようとしています．プログラミング教育が育成を目指す資質・能力はプログラミング的思考とされています[1]．プログラミング的思考の育成はコードを学ぶことだけではありません．しかし，実際にコードを書き，自らの考えを表現し，試行錯誤しながら問題の解決を図る学習は，プログラミング教育の醍醐味であり，大切にしたい学びの形です．この学びの姿を考えたとき，Pythonは教育用言語として魅力的な言語であることがわかります．

この章で学ぶこと

- プログラミング教育の動き
- Pythonの特徴
- Pythonの教育用言語としての魅力
- Pythonが機械学習やビッグデータなどの分野でよく使われる背景
- 基礎から応用まで守備範囲の広いPython言語
- Python開発環境の構築

0.1　急遽展開される我が国のプログラミング教育

　近年，情報教育を巡る状況は，「情報技術の活用」から「情報技術や情報そのもの」の学習へと変化しています．2014年9月からイギリスのナショナルカリキュラムの科目「ICT」が「Computing」へと変更されました．同時に，その内容が大きく変更され，新しいカリキュラムでは「Computational Thinking」を目標に，アルゴリズムなどコンピュータ科学に関わる内容へと傾斜してきています．イギリスでは，長期的な展望の下に，指導者（教師）育成の再構築，あわせてWebなどを活用した学習環境や教材開発が組織的に進められています．そのような流れの中で，Raspberry Piなどの興味深い教材が開発されています．カリキュラムでは，小学校からアルゴリズムやプログラミングの学習が導入されます．プログラミングの学習では，小学生では非テキスト系の言語（Scratchなど）からスタートし，中学生や高校生ではテキスト系の言語を学び，少なくとも2つの処理系を学ぶことが推奨されています．Pythonはテキスト系の言語として紹介されており，Raspberry Piには，PythonとScratch，Wolfram言語，Mathematicaなどがプレインストールされています．

　プログラミング教育の展開はイギリスだけでなく，米国，イスラエルなど各国の

1

序章　Pythonでプログラミングをはじめよう

動きに見て取ることができます.

　我が国では,情報教育がスタートして30数年が経とうとしていますが,プログラミング教育は普通教育の内容として必ずしも正当な地位を得ていませんでした.その間,諸外国はプログラミング教育を推進し,学校でプログラミングに興味を持った子供たちがその国の産業を広く支える人材へと育ってきています.

　我が国も,このような世界の動きを無視することはできませんでした.

　総理府,総務省,文部科学省などの政府機関が次々とプログラミング教育を推進する報告書などをまとめます[1][2][3].小学校ではプログラミング教育が2020年から必修となりました.中学校は「技術・家庭科」で,高等学校では必履修科目の「情報Ⅰ」「③コンピュータとプログラミング」において,プログラミングによりコンピュータを活用する力,事象をモデル化して問題を発見したりシミュレーションを通してモデルを評価したりする力を育む,とされています.また,「情報Ⅱ」の「情報システムとプログラミング」では,情報システムを活用するためのプログラミングの力を育む,とあります.こうして,プログラミング教育は,急速に導入が進められています.

　しかし,教育で利用されるコンピュータ言語を何にするかは指導する教師に任せられ,初等中等教育段階では,暗中模索の状況といっても過言ではありません.イギリスでは,コンピュータ言語を少なくとも2つの処理系から学ぶことが求められています.プログラミングを学ぶことで,どのような資質や能力を育成したいかを振り返り,慎重に言語を選択することが求められています.

　また,これからプログラミングを学ぶ人にとっては,将来どのような能力が身に付き,そのことが自らの学びにどのような広がりと深さを与えてくれるかを考えながら学んでいくことが求められています.

0.2　Pythonの教育用言語としての魅力

　Pythonは,初めて学ぶ人にとって,わかりやすい言語であるといわれています.言語仕様定義を必要最小限度にとどめていることからシンプルな言語であり,特に後述する特徴の1つである可読性に優れています.また,インタープリタ言語であるため命令を対話的に実行でき,初心者の言語習得に適しています.

　図0・1は,Philip GuoがUSニュース＆ワールド・レポート誌に掲載した記事です.全米で最も優れたコンピュータサイエンス教育を行っている大学ランキングで上位39校のデータを集計したグラフです[4].実際には複数のコースを提供しているために合計数は39校を大きく上回ります.この図から,米国のトップ39大学のコンピュータサイエンスのコースのうち,27学部でPythonを使っていることがわかります.さらに,トップ10のコンピュータサイエンスの入門講座にPythonが採用されています.今まで人気のあるコンピュータ言語として知られたJavaやC言語を上回る採用となっています.筆者も情報系の専門学部や教育学部で,プロ

2

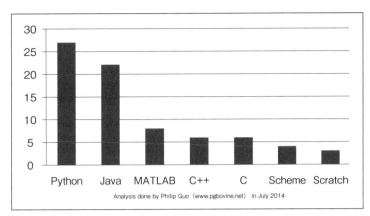

図0・1　米国トップ39校のコンピュータサイエンス学部の入門コースの採用言語[4]

グラミング入門言語としてC言語やJavaを指導してきた経験があります．しかし，プログラミング教育の入門段階における限られた時間の中で，プログラミング的思考の育成を目指す教育を進めるのは，容易なことではありません．この点，米国の先の結果は，重要な示唆を与えているように思えます．

　Pythonが多くの大学の入門言語として採用されているのは，初学者にも優しい言語だからと考えることができます．イギリスでは，教育用小型コンピュータRaspberry Piに，Pythonがプレインストールされています．イギリスの子供たちに最初に学ばせたいテキスト言語として，Pythonが選ばれているということです．Raspberry Piは計測・制御を基礎から学べる環境が用意されていることでよく知られています．

　我が国では，中学校の「技術・家庭科」で「プログラミングと計測・制御」を一体となって学習します．そこではPythonの導入も期待されます．2021年に施行が予定されている「情報科」の次期学習指導要領では，コンピュータサイエンスへつながる内容が予定されています．米国の大学の実情と考え合わせれば，情報科での入門言語がPythonであっても不思議ではありません．

0.3　Pythonの特徴

　さまざまなプログラミング言語があるなかで，Pythonの特徴を見ておきましょう．プログラミング言語とは，人がコンピュータと対話するための手段です．そのためには，コンピュータに行わせたいことや頭の中で考えていることを素直に表現できることが大切です．コンピュータに問題を解決させる手順をアルゴリズムと呼びますが，アルゴリズムを率直に記述できるプログラミング言語は，初学者にとって，とても大切なことです．

序章　Pythonでプログラミングをはじめよう

1　生い立ち

　Pythonは1991年にオランダ人のグイド・ヴァンロッサムが開発し，最初のバージョンが公開されました．2000年にバージョン2が公開されると，汎用プログラミング言語として広く知られるようになります．Pythonを辞書で引くと「ニシキヘビ」と書かれています．何とも奇妙な名前です．蛇足になりますが，Pythonの周辺には奇妙な名前の付いたソフトウェアがいろいろあります．例えば，代表的な配布パッケージには大蛇を意味するAnaconda，そこにインストールされている統合開発環境はSpyderです．少し怖そうな名前が続きますが，どのようなものか興味を引きますね．

　Pythonにはバージョン2系と3系が存在します．2008年に3系がリリースされました．3系はそれまでの2系との互換性を犠牲にして，言語の一貫性を高め，より入門者が理解しやすいように改良されました．Pythonの大きな特徴は，さまざまなライブラリーの存在です．なかでも，科学技術計算で使うパッケージ（NumPy，MatPlotlib，SciPyなど）は3系のみに対応します．2系は2020年までのサポートです．今後のことを考えると，Pythonを始めるときは3系から始めるのがよいでしょう．

2　特徴

　コンピュータ言語としての特徴を整理します．

(1) 可読性やメンテナンス性の良さ

　記述ルールは，比較的単純です．インデント（字下げ）によってコードブロックの範囲が判断される仕組みになっています．加えて，誰が書いても同じような書き方になるように工夫されています．ブロックの書き方に曖昧さを許さないようになっています．アルゴリズムが同じであれば，誰が書いても同じような書き方になる．このことはメンテナンス性に優れた点だけでなく教育的側面からも魅力的です．

(2) インタープリタ言語

　プログラムを逐次解釈して実行する仕組みになっているため，ソースコードのコンパイル（機械語に翻訳する）作業を必要としません．そのため，実行するコードを入力しながらプログラムを実行できます．対話型開発環境を利用すれば，1つひとつの命令を確認しながら学習を進めることができます．教師が指導する上でも有効です．動的型付け機能を持ち処理を簡潔に書けるという特徴があります．小規模なプログラム開発に向いているといわれます．しかし，大規模なプログラム開発にも適応可能です．その実績は，GoogleやDropboxのシステム構築にも利用されていることからわかります．

(3) ライブラリーが豊富

さまざまな処理に使える強力な標準ライブラリーが揃っています．標準ライブラリーの他にも膨大なサードパーティーが提供するライブラリーが存在し，ネット上で公開されています．例えば，多元配列や行列演算をする機能，最近話題となっている機械学習を支援する機能，分析結果のグラフ化やデータを可視化する機能，そして統合開発環境の機能などです．将来の研究や学習のためのツールとして，この上ない環境を提供してくれます．将来性と拡張性に優れた言語を初期の段階から学ぶことは，教育用言語として重要な意味があります．

また，ディープラーニングやビッグデータなど，最近話題の分野のライブラリーが他の言語よりも豊富です．AIの開発で注目されるのも，このような理由があるからです．

(4) オブジェクト指向プログラミングが自然と身に付く

Pythonはオブジェクト指向言語です．言語自体がオブジェクト指向を基盤にしています．例えば，最初に出会う数値型やリストなどのデータもオブジェクトです．ですから，演習を進める初期段階から「オブジェクト」というものを意識しつつ進めることで，オブジェクト指向の考え方が自然と身に付くことになります．

(5) プログラミングの本質を理解しやすい

構文がシンプルであること，ソースコードを簡潔に書けること，は紹介しました．こうした特性は，プログラマーが表現したい考えを素直に表現できることにつながります．ある処理をするために「言語特有の約束」を呪文のように書く必要はありません．プログラミングの本質がすんなりと理解でき，プログラミングの学習を着実に支援します．

0.4 Pythonの開発環境を構築する

それでは，開発環境の構築に進みましょう．PythonはWindows, Linux, macOSなど主要なOSで利用できます．ここでは，Windows系を例に解説します．Pythonの公式サイトから，インストーラをダウンロードします．

- PythonのWebサイト＞ダウンロードページ (https://www.python.org/downloads/)

序章　Pythonでプログラミングをはじめよう

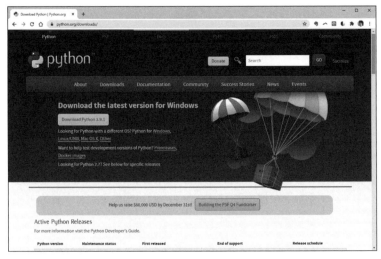

図0・2　Pythonのダウンロードページ

図0・3　Pythonのインストールを開始

　ここではPython 3.9をもとにインストールを説明します．まず，Python 3系をダウンロードしましょう（図0・2）．インストーラの実行ファイルがダウンロードされたら，それをダブルクリックしてインストーラを実行します．

　インストールが実行されて，図0・3のような画面となります．ここで，注意することがあります．画面の下方にある「Add Python 3.9 to PATH」の**チェックを入れてください**（図0・3①）．

　これにより，Windowsの環境変数にPythonの実行ファイルへのパスが登録されます．コマンドプロンプトを使ってPythonを実行するときに，その都度パスを書く手間が省けて便利です．そして，図0・3②の「Install Now」をクリックして画面の指示に従います．

インストールが完了すると，Windows 10では「すべてのアプリ」にPython 3.9が表示されます．

統合開発環境IDLEの起動は，「すべてのアプリ」の「Python 3.9」のサブメニューから「IDLE (Python 3.9)」を選択します（図0・4）．統合開発環境IDLEについては第1章で説明します．

図0・4　IDLEを起動するサブメニュー

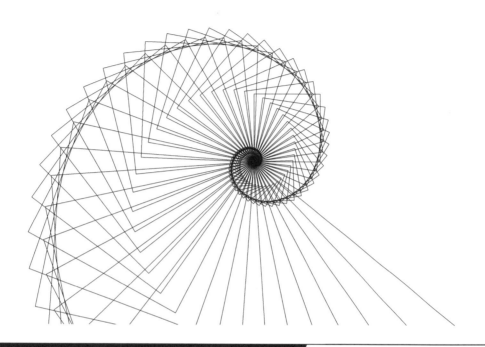

第Ⅰ部 基礎編

第1章 プログラムを作成し動作を確認する
第2章 変数と計算
第3章 文字列，リスト，タプル，辞書
第4章 制御構造を知る

第1章 プログラムを作成し動作を確認する

　序章では，Pythonの概要とそのインストール方法について学びました．本章ではPythonの細かいプログラミングの説明に入る前に，まずインストールしたPythonを使ってプログラムを作成して動作させる方法を一通り確認してみます．Pythonのプログラムの実行方法は大きく分けて2つの方法があります．インタラクティブシェルで実行する方法と，ファイルにプログラムを書き込んでそれを実行する方法です．

この章で学ぶこと

- インタラクティブシェルでキーボードからコマンドを打ち込み，プログラムを実行する
- 統合開発環境であるIDLEを使い，ファイルにプログラムを保存し，それを実行する

1.1 インタラクティブシェルとは何か

　「インタラクティブシェル」とはあまり聞き慣れていない言葉でしょう．これは「インタラクティブ」と「シェル」という言葉からなります．インタラクティブは英語のinteractiveなので「対話型」という意味で，対話には「向かい合って話し合うこと」という意味があります．そのままインタラクティブシェルを置き換えると，「対話型のシェル」となります．

　ここで，「shell」という言葉の意味を辞書で調べてみます(図1・1)．

図1・1　shellの意味　(http://www.alc.co.jp)

名詞の最初のところを見ると「貝殻」という意味があることがわかりますが，4番目のコンピュータ用の意味の項に「シェル◆ユーザからのコマンド入力を受け付け，解釈するプログラム」とあります．

これを先ほどの「対話型」と合わせると，「対話型で，ユーザーからのコマンドを受け付け，解釈するプログラム」となります．さらに，対話という言葉をその意味で書き換えると「向かい合って話し合う形式で，ユーザーからのコマンドを受け付け，解釈するプログラム」となります．

ここで「向かい合って話し合う」とは，通常は人同士の対話を指しますが，Pythonはコンピュータ上で動くので，対話する相手はコンピュータ（Python）です．つまり，「コンピュータ（Python）と向かい合って話し合う形式で，ユーザーからのコマンドを受け付け，解釈するプログラム」となることがわかります．ここで受け付けるコマンドはPythonのコマンドやプログラムです．では，このようなインタラクティブシェルを起動し，コマンド（プログラム）を実行してみます．

1.2　インタラクティブシェルでの実行

インタラクティブシェルを起動する方法には，2つあります．1つはコマンドプロンプトで「python」と入力して起動する方法，もう1つはPythonをインストールすると一緒にインストールされる「Python 3.9」というアプリケーションを利用する方法です．コマンドプロンプトで「python」と入力して Enter キーを押した場合には，図1・2のようになります．

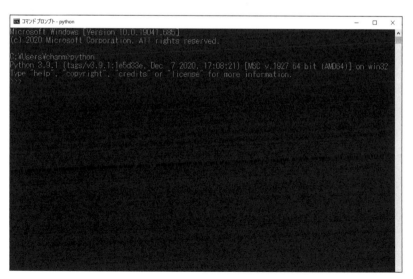

図1・2　コマンドプロンプトで「python」を実行した様子

もう1つのPython 3.9というアプリケーションは，スタートメニューから表示される図1・3のアイコンを選択することで起動できます．こちらの場合は，自動的

にインタラクティブシェルが起動されるため,「python」と入力しなくてもすぐにPythonのコマンドを試してみることができます.

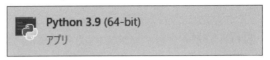

図1・3　Python 3.9アプリケーションのアイコン

起動した後の画面を図1・4に示します.

図1・4　Python 3.9アプリケーションの起動画面

ここでいずれの場合にも表示される「>>>」は,Pythonがコマンドの入力を待っていることを示す表示です（コマンドプロンプトといいます[※1]）.

インタラクティブシェルを終了するには「quit()」と入力して Enter キーを押してください.これがPythonのコマンドです.この他にもhelpコマンドなどがあります.例えば,stringに関するヘルプを表示したい場合は,「help("string")」と入力します.

※1　Windowsのコマンドプロンプトと同じ名称なので注意してください.

1.2 インタラクティブシェルでの実行

```
Help on module string:

NAME
    string - A collection of string constants.

MODULE REFERENCE
    https://docs.python.org/3.9/library/string

    The following documentation is automatically generated from the Python
    source files.  It may be incomplete, incorrect or include features that
    are considered implementation detail and may vary between Python
    implementations.  When in doubt, consult the module reference at the
    location listed above.

DESCRIPTION
    Public module variables:

    whitespace -- a string containing all ASCII whitespace
    ascii_lowercase -- a string containing all ASCII lowercase letters
    ascii_uppercase -- a string containing all ASCII uppercase letters
    ascii_letters -- a string containing all ASCII letters
    digits -- a string containing all ASCII decimal digits
    hexdigits -- a string containing all ASCII hexadecimal digits
    octdigits -- a string containing all ASCII octal digits
    punctuation -- a string containing all ASCII punctuation characters
    printable -- a string containing all ASCII characters considered printable

CLASSES
    builtins.object
-- More --
```

図1・5　help コマンドの表示例

　ヘルプの内容が画面に収まりきらないので最後に「-- More --」と表示されています．これは Space キーで続きを表示できます．何回か押していくと「>>>」が再度表示されます．

　インタラクティブシェルでは，コマンド以外にもPythonのプログラムを入力して実行してみることができます．例えば，簡単な数式を入力して Enter キーを押すと，Pythonがその式を計算して答えを表示してくれます．

```
>>> 4 + 6
10
>>> 4 * 6
24
>>>
```

　2つ目の「*」は掛け算を表します．入力するとPythonがそれを受け取り，計算した結果を表示してくれます．それぞれ，結果が表示されると，再度「>>>」が表示されることがわかります．つまり，実行が終わるとPythonは再度，入力待ちになります．このように，何かを入力して，Pythonがそれを処理し，結果を出力し，再度入力待ちに戻る，というステップが繰り返されます．これがインタラクティブシェルの「対話型」という言葉の意味です．数式には括弧も使え，算数や数学で習ったのと同様の計算をしてくれます．

```
>>> (1 + 3) * 6
24
>>>
```

　実際には，Pythonは，計算以外の処理も行い，その処理の結果を表示するので，

13

第1章 プログラムを作成し動作を確認する

計算とはいわず「評価」という言葉を使います．先ほどの例は，数式を「評価」していることになります．つまり，数式を評価することは，数式を計算することになるわけです．

もう少し複雑なコマンドを実行してみます．本書の第4章で学ぶfor文です．for文は同じ処理を繰り返して行う際によく使います．>>>の後に以下のように入力してみます．

```
>>> for n in range(5):
```

Enter キーを押すと，今度は先ほどと異なり，「>>>」は表示されずに「...」と表示されます．

```
>>> for n in range(5):
...
```

これは「まだ，入力するものがあるので入力してください」ということを意味するプロンプトです．for文は数式とは異なり，1行では書けません．ここでは，Tab キーを押してから指定した文字列を表示するprint関数を用いて「こんにちは」と表示してみます．

```
...        print("こんにちは")
...
```

再度「...」が表示されますが，これで入力は終わりですので，何も入力せずに Enter キーを押してください．Pythonがfor文を実行し，次のように表示されます（ここではわかりやすいように，forから載せておきます）．

```
>>> for num in range(5):
...        print("こんにちは")
...
こんにちは
こんにちは
こんにちは
こんにちは
こんにちは
>>>
```

「こんにちは」という文字列が5回表示されています．これは，Pythonがfor文を評価した結果を表示しています．入力を間違えるとPythonがチェックしてくれて，次のようなエラーで教えてくれます．次に示すのはforを誤ってfoと入力した例です．

14

```
>>> fo num in range(5):
  File "<stdin>", line 1
    fo num in range(5):
       ^
SyntaxError: invalid syntax
>>>
```

Syntax Errorというのは「構文が間違っている」という意味です．ハット記号(^)で間違っている箇所を教えています．

このようにインタラクティブシェルは入力したものをすぐにPythonがチェックし，評価してくれるので，手軽に試してみるには非常に便利ですが，先ほどのfor文のように数行にわたるものを入力するときには面倒な場合もあります．そのような場合には，Pythonに実行してほしい内容をファイルに書いておき，そのファイルをPythonに実行させます．

1.3　プログラムの作成，実行，保存

Pythonに実行してほしい内容をファイルに書いておくのは簡単です．皆さんが使われているテキストエディタでテキストファイルを作成し，そこにPythonに実行してほしい内容を書いておくだけです．テキストエディタは何でもかまわないのですが，ここでは，付属する統合開発環境IDLE (Integrated DeveLopment Environment) を使って説明しましょう．これはPythonをインストールするとさまざまなOSで使用することができ，プログラム入力支援機能（予約語をハイライトする機能や自動インデント機能など），エディタからプログラムを実行する機能などがあります．

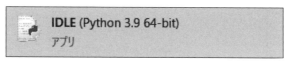

図1・6　IDLEのアイコン

IDLEはスタートメニューから実行することができます（図1・6）．実行すると図1・7のようなウインドウが表示されます．

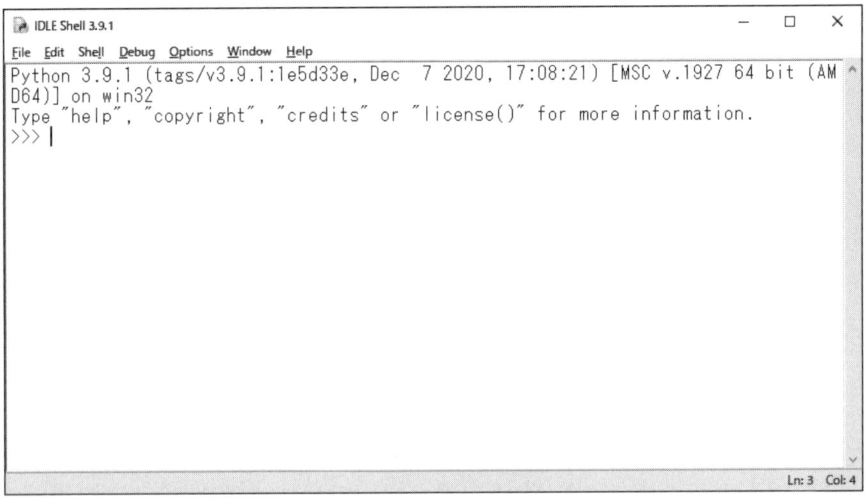

第1章 プログラムを作成し動作を確認する

図1・7 IDLEの画面

これは先ほど説明したインタラクティブシェルのウインドウです．「>>>」が表示されていることからわかるように，ここにコマンドを入力すると前節で説明したように実行できます．

IDLEを使って新しくPythonのプログラムを書くには，［File］メニューから［New File］を選んでください．図1・8のようなウインドウが表示されます．

図1・8 IDLEのエディタ画面

これがPythonのプログラムを入力するエディタになります．図1・9のように入力してみます．

1.3 プログラムの作成，実行，保存

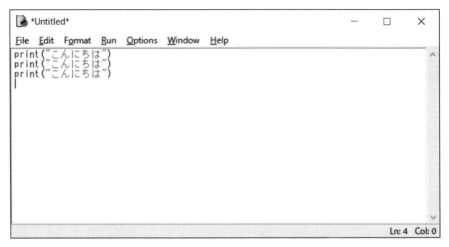

図1・9　IDLEにプログラムを入力している様子

「print」という文字列を入力し終えると，紫色に変わります．これは「print」がPythonで使われる特別なキーワードであることを示しています．例えばこれを「printo」と入力すると，黒字になります．このような機能を，キーワードのハイライト機能といいます．

入力が終わったら保存しましょう．[File]メニューから[Save]を選択してください．図1・10のようなウインドウが表示されます．

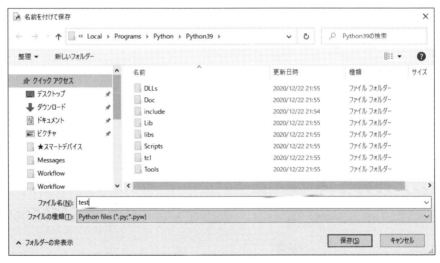

図1・10　IDLEのファイルダイアログボックス

ここでプログラム保存用のフォルダ（C:¥data）を作成して保存することにしま

す[※2]．最初に左側のウインドウからCドライブ（Windows（C:)）をマウスでクリックして選択してください（図1・11）．

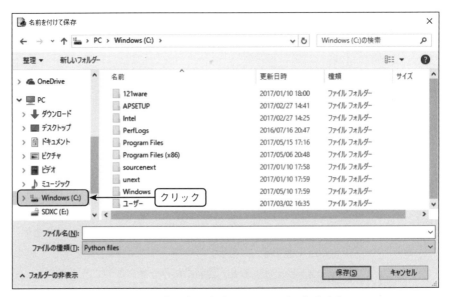

図1・11　プログラム保存用のフォルダの作成（1）

その後，［新しいフォルダー］をクリックすると図1・12のように表示されるので，Cドライブの中に「data」という名のフォルダを作成してください．

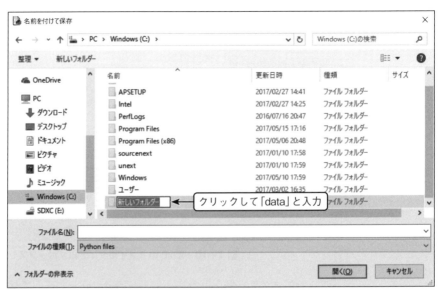

図1・12　プログラム保存用のフォルダの作成（2）

※2　デフォルトでインストールすると，作成したファイルはC:¥Users¥ユーザー名¥AppData¥Local¥Programs¥Python¥Python39に置かれますが，これは隠しフォルダなのでここでアクセスのしやすい場所に置くことにします．

フォルダが作成できたらそれを開き，図1・13のように「test」という名前を付けて［保存(S)］をクリックして保存します．

図1・13　プログラムの保存

ここでは表示されませんが，このファイルの拡張子は「py」となります．Pythonでは拡張子にpyを用いるのが一般的です．

すでに保存してあるスクリプトを編集するには，［File］メニューから［Open...］を選択します．このようにファイルの作成や保存，再度開く場合の操作は，他のアプリケーションと同じです．

これでプログラムを保存できたので，実行してみます（図1・9）．［Run］メニューから［Run Module］を選択してください．

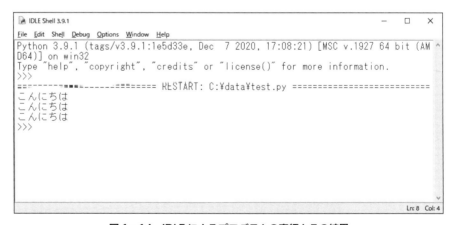

図1・14　IDLEによるプログラムの実行とその結果

先ほど書いた3つの「print("こんにちは")」が実行され,「こんにちは」という文字列が3回表示されていることがわかります.

作成したプログラムは前節で説明したインタラクティブシェルでも実行できます.まず,コマンドプロンプトを起動し,test.pyが置かれているフォルダに移動します.これにはcdコマンドを用います.「cd c:/data/」と入力して Enter キーを押し,先ほどファイルを保存したC:¥dataフォルダに移動します(図1・15).

図1・15 フォルダの移動

移動した後は,pythonコマンドの後に作成したtest.pyを指定(「python test.py」と入力)し, Enter キーを押すと実行できます.

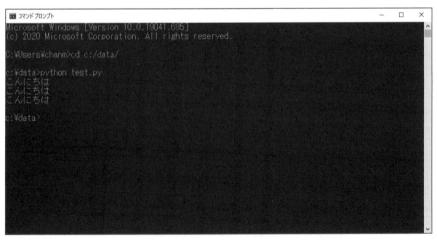

図1・16 コマンドプロンプトからのプログラムの実行

IDLEに戻り,前節で紹介したfor文を入力してみます.先ほどのtest.pyの内容を削除して「for n in range(5):」と入力し, Enter キーを押してみてください.forやin, rangeというキーワードの色が変わったことに加えて,入力位置を表す縦棒

「|」が少し右側に表示されていることがわかります（図1・17）．

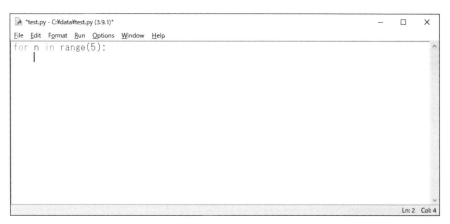

図1・17　IDLEのエディタへのfor文の入力

これは，自動インデント機能と呼ばれる機能で，Pythonの構文に応じて自動的にインデントを行ってくれる機能です．インタラクティブシェルでは「...」の後で明示的に Tab キーを押しましたが，ここではそれをする必要はありません．インデントは実行の範囲を決める機能があります．ここではfor文の実行範囲を指定しています．インデントに関しては後の章で説明します．

続けて「print("こんにちは")」と入力します．これでプログラムの入力は完了です．[Run]メニューから[Run Module]を選択して実行してみると，図1・18のウインドウが表示されます．

図1・18　確認ダイアログボックス

これは，実行する前にファイルを保存するかどうかを聞いてきています．ファイルを保存しないと実行できないので，[OK]を押してください．後は，先ほど同じように「こんにちは」が5個表示されます．

以上で，簡単ですがIDLEの使い方の説明は終わりです．終了するには[File]メニューから[Exit]を選択するのでも，ウインドウの右上の「×」を押して終了するのでも，どちらでもかまいません．

第2章 変数と計算

　第1章では，インタラクティブシェルで対話的にプログラムを実行する方法と，プログラムを作成してファイルに保存して実行する方法について説明しました．本章では，プログラミングの第一歩として，Pythonで扱えるデータとその計算について，基礎的な内容を説明します．計算というと，典型的なものは足し算や引き算などの四則演算が挙げられます．どのような計算を行うかを指示する＋や×のような記号を「演算子」といいます．また，そのような計算を行うデータや計算結果を取っておく入れ物が「変数」です．

この章で学ぶこと

- Pythonで扱える基本データ型の整数と小数を使ってみる
- 算術演算子を用いて計算し，結果を表示する
- 得られた計算結果やデータを変数に代入する

2.1 計算してみる

　前章でインタラクティブシェルを用いたプログラムの実行方法を説明したときにも，「4 + 6」という簡単な計算を例に説明しました．ここでも同じような例を用いて説明します．

1 データ型と演算子

　「演算子」とは足し算や引き算を行う際に用いる記号です．例えば，私たちは（算数で習ったように）1に1を足す場合は次のように＋記号を用います．

　　1 + 1

　この結果は2です．これと同じ計算をPythonで実行してみます．今回は入力しながらその結果をすぐに確認するという方法で進めたいので，インタラクティブシェルを用います．以下の説明では，Pythonのインタラクティブシェルが起動されており，コマンドプロンプト (>>>) が表示されているものとします．>>>の後に，「1 + 1」と入力し Enter キーを押すと次のように表示されます．

2.1 計算してみる

```
>>> 1 + 1
2
>>>
```

Pythonが＋を解釈して足し算を行い，その結果を表示しています．1という簡単な数字を使いましたが，もっと大きな数字で行うこともできます．

```
>>> 100 + 123
223
>>>
```

また，小数同士でも行えます．

```
>>> 3.14 + 1.1
4.24
>>>
```

このようにPythonは1や100, 123のような整数，あるいは3.14や1.1のような小数のいずれでも計算を行えます．これらの整数や小数といったデータの種類のことを「データ型」といいます．ここまでで，データ型には整数型と小数型（浮動小数点数型）の2つがあることがわかります．そして整数や小数以外にもPythonにはさまざまなデータ型があります（第3章で説明します）．

ここで計算を行った「＋」のような演算子は，どのような演算を行うかをPythonに指示するためのものです．「＋」はその前と後ろのデータに対して「足し算」という演算を行うことを指示する記号です．演算子は種類があります．ではその種類ごとに説明します．

2 算術演算子

表2・1にPythonで使用できる算術演算子を示します．

表2・1　算術演算了

演算子	意味	例	説明
+	加算	x + y	xにyを加える
-	減算	x - y	xからyを引く
*	乗算	x * y	xとyを掛ける
/	除算	x / y	xをyで割る
%	剰余	x % y	xをyで割ったときの余り
**	べき乗	x ** y	xのy乗

算数や数学などで見慣れたものもありますが，そうでないものもあります．乗

23

第2章　変数と計算

算では×という記号がキーボードにはないので，アスタリスク (*) をかわりに使用します．同様に，割り算の除算記号である÷もキーボードにはないので，スラッシュ (/) を使用します．剰余は余りを計算する演算子です．べき乗は乗算記号が2つで，3^2のような計算を行うときに用います．以下に使用した例を示します．

```
>>> 8 + 5
13
>>> 8 - 5
3
>>> 8 * 5
40
>>> 8 / 5
1.6
>>> 8 % 5
3
>>> 2 ** 10
1024
>>>
```

「8 % 5」の%は，8を5で割ったときの余りが表示されています．8を5で割ると商は1なので，$8 - 5 \times 1 = 3$となり，3が表示されます．「2 ** 10」は2^{10}です．$2 \times 2 \times \cdots \times 2$という感じで2を10回乗算したものです．

ここでは整数に対して使ってみましたが，演算子は小数に対しても用いることができます．

```
>>> 10 * 3.14
31.4
>>>
```

今度は演算子を複数個用いてみます．

```
>>> 4 + 2 * 3
10
>>>
```

計算の順番も期待どおりに掛け算が先に行われ，それから足し算が行われます．この順番は括弧を用いることで変えることができます．上の例で足し算を先に行いたい場合は，次のように書きます．

```
>>> (4 + 2) * 3
18
>>>
```

24

2.1 計算してみる

3 代入演算子

ここまでの説明で, Pythonの演算子を使うことでさまざまな計算ができることがわかりました. これくらいわかっていれば, 何かの計算の式さえわかればいろいろな計算ができます. 例えば, 運動すると消費されるカロリー〔kcal〕は, 次の式[1]で計算できます.

メッツ×体重〔kg〕×運動時間×1.05

ここでメッツ (METs) 値は「Metabolic equivalents」の略で, 安静時は1.0メッツ, 散歩時は2.5メッツ, エアロビクスが6.5メッツというようにそれぞれの運動に対して使う値が決まっています. 例えば, 体重60 kgの人が1時間散歩したときに消費されるカロリーは, Pythonでは次のようにして計算できます.

```
>>> 2.5 * 60 * 1 * 1.05
157.5
>>>
```

これからこの運動による消費カロリーが157.5 kcalであることがわかりました. このままだとわかりにくいので, これがショートケーキ何個分に当たるかに換算してみます. ショートケーキは18 cm型のものを8等分したものの1切れが366 kcalだそうです. 先ほどの157.5 kcalをこれで割ると, 次のように計算できます.

```
>>> 157.5 / 366
0.4303327868852459
>>>
```

約0.43個, つまり, ショートケーキ半分にも満たないことがわかります. このように何かを計算するときは, ある計算を行って, その結果を用いて別の計算を行うことがよくあります. 計算結果を再度手で入力しなくてはならないのは面倒であり, 入力間違いの原因にもなります. 計算結果を取っておけると便利です.

このようなときに使用するのが「変数」です. 変数は次節で詳しく説明しますが, データを取っておくための入れ物です (図2・1). ここでその入れ物 (変数) に結果を入れる (代入する) 機能が必要になります. これが, 代入演算子のイコール記号 (=) です.

25

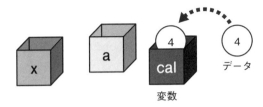

図 2・1　変数はデータの入れ物

　イコール記号は，数学では等しいことを示すのに通常使われますが，Pythonなどのプログラミング言語では「変数に何かを代入する」という異なる意味で使われるので注意してください．ここでは，calという変数を用意して，そこにカロリーの計算結果を代入してみます．これは次のように書きます．変数を用意するのに特別な準備は必要ありません．

```
>>> cal = 2.5 * 60 * 1 * 1.05
>>>
```

　これは「=の右側の計算結果を左側の変数（cal）に代入する」という意味です．右側の計算結果が左側の変数に代入されることに注意してください（図2・2）．

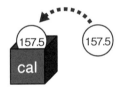

図 2・2　変数への値の代入

　これでcalという変数にカロリーの計算結果（157.5）が代入されました．変数に代入するだけなので何も表示されないことに注意してください．何が代入されているかを知りたい場合は，その変数名（cal）を入力し，Enterキーを押すことで表示されます（図2・3）．

```
>>> cal
157.5
>>>
```

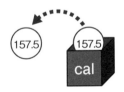

図 2・3　変数からの値の取り出し

次のようにprint関数を用いることでも表示することができます.

```
>>> print(cal)
157.5
>>>
```

calに代入された値を使用する場合は,変数をそのまま使い,次のようにします.
cal変数に代入した値を366で割る場合は次のようになります.

```
>>> cal / 366
0.430327868852459
>>>
```

先ほど計算したのと同じ値が表示されました. このように, calは数値の157.5と
同じように使用することができます.

代入演算子で注意が必要なことは, 代入演算子は変数にデータを代入するため
のものなので, その左側には変数しか書けないということです. 例えば, 次のよう
に書くとエラーになります.

```
>>> 157.5 = 2.5 * 60 * 1 * 1.05
SyntaxError: can't assign to literal
>>>
```

次節では変数について詳しく見ていきましょう.

2.2 変数を使う

前節の例では, calという名前の入れ物に157.5という数値を代入してみました.
変数(入れ物)の内容は, 一度代入されると新しい値が代入されるまで変わりませ
ん.

「変数」という言葉の「変」の文字が表すように, 変数は, その内容をいつでも変
更することができます. 数学の変数と異なるのは, 数値以外のデータ, 例えば文字
列なども代入できることです(第3章で説明します).

1 変数名の付け方

変数名には, x, y, z, width, redなど好きなものを使用できます. 名前は英語で
もローマ字でもかまいません. 重要なのは, カロリーをcalで表したように, その変
数に代入する値の意味を表すものを変数名に用いるようにすることです. そうす
ることでプログラムが非常に読みやすくなります. ただし, 変数名には, 以下のよ
うな命名規則があるので注意してください.

第2章 変数と計算

1 使える文字は, 半角英数字 (a～z, A～Z, 0～9), 下線文字 (_), ドル記号 ($), 全角文字だけです. 例えば「monge?」という変数は,「?」という変数には使えない文字を使っているのでエラーになります. 先ほどのcalに?を付けた「cal?」という変数名に代入しようとすると, 次のようなエラーが表示されます.

```
>>> cal? = 157.5
  File  "<stdin>", line 1
    cal? = 1
        ^
SyntaxError: invalid syntax
>>>
```

Syntax Errorというのは「構文が間違っている」という意味です. ハット記号 (^) で間違っている箇所を教えてくれているので,「?」が間違いであることがわかります.

2 最初の文字に数字は使えません. 例えば「100cm」はエラーになります.

3 Pythonで使用する用途が決まっている予約語は変数に使えません. インタラクティブシェルで次のように入力すると, どのような予約語があるかがわかります.

```
>>> import keyword
>>> keyword.kwlist
['False', 'None', 'True', 'and', 'as', 'assert', 'break',
'class', 'continue', 'def', 'del', 'elif', 'else',
'except', 'finally', 'for', 'from', 'global', 'if',
'import', 'in', 'is', 'lambda', 'nonlocal', 'not', 'or',
'pass', 'raise', 'return', 'try', 'while', 'with',
'yield']
```

このような予約語をすべて覚える必要はありませんが, 変数名には使えないものがあるということに注意してください. ただし, 予約語が変数名の一部になっているのはかまいません. 例えば「if」は使えませんが,「gif」はifという文字列が含まれているものの変数名として使えます.

最後に, 変数は1文字違っても別の変数として扱われますし, 大文字・小文字も区別されます. 例えば, calという変数はcaloという変数とは別のものになりますし, Calとも別のものになることに注意してください. それでは変数の使い方の説明に移りましょう.

28

2.2 変数を使う

2 変数の使い方

前節では次のようにして変数を使ってみました.

```
>>> cal = 2.5 * 60 * 1 * 1.05
>>> cal / 366
0.430327868852459
>>>
```

ここでは，代入演算子（=）の右側の計算が先に行われて，その結果がcalという変数に代入されています．それを用いてカロリーがショートケーキ何個分かを計算しました.

この計算を行った後に，1時間の散歩で消費されるカロリーがご飯何杯分かを知りたくなったとします．ご飯のカロリーは100 gで168 kcalとします．変数は一度データを代入すると（変更するまで）そのまま値が残っています．このため，再度代入することなく，先ほどの変数を用いて次のように計算できます．

```
>>> cal / 168
0.9375
>>>
```

このような変数の値は，新しい値をその変数に再度代入されるまで保持されます．ここで，同じ変数に別の値を代入してみます．

```
>>> cal
157.5
>>> cal = 2.5 * 60 * 2 * 1.05
>>> cal
315.0
>>>
```

変数の内容が変わっていることがわかります．前述しましたが，このように値を変えることができるので「変数」というのです.

変数には，計算結果だけではなくデータそのものを代入することもできます．次の例では，xという変数に8，yという変数に5を代入して，xとyを足し算しています．

```
>>> x = 8
>>> y = 5
>>> x + y
13
>>>
```

第2章 変数と計算

このような変数同士の計算にも「2.1節2項　算術演算子」で説明した算術演算子が使用できます．変数はデータと同じように扱うことができるのです．ここで注意が必要なのは，データが代入されていない変数（何も入っていない変数）を使うとエラーになることです．例えば，次のようにデータが代入されていないzという変数を使うとエラーになります．

```
>>> x = 5
>>> x + z
Traceback (most recent call last):
  File "<pyshell#3>", line 1, in <module>
    x + z
NameError: name 'z' is not defined
>>>
```

変数は使われるとその中に入っているものを取り出そうとします．このときに何も入っていないと，取り出すものがないのでエラーになるわけです．変数は必ずデータを代入してから使うようにしてください．

また，変数は計算式をわかりやすくする目的にも利用できます．先ほどのカロリー計算は，元の式は「メッツ×体重〔kg〕×運動時間×1.05」でしたが，Pythonでそのまま書くと次のようになってしまい，どの数値が何を表していたのかわかりにくくなります．

```
>>> cal = 2.5 * 60 * 1 * 1.05
>>>
```

メッツ，体重，運動時間をそれぞれ変数にしてみます．メッツはmets，体重はweight，運動時間はhourにしてみます（特に英語にしなくても，体重はtaijuu，運動時間はjikanでもかまいません）．このようにすると，上記の計算は次のように書けます．

```
>>> mets = 2.5
>>> weight = 60
>>> hour = 1
>>> cal = mets * weight * hour * 1.05
>>> cal
157.5
>>>
```

変数に意味のある名前を使うと，計算式が何を計算しているかがわかりやすくなります．これが変数の名前に意味のあるものを用いたほうがよい理由なのです．

最後に，変数の面白い性質について説明しましょう．代入演算子（=）の右側が

先に計算されて，その結果が代入演算子の左側の変数に代入されます．右側が先に計算されるため，代入演算子の左と右で同じ変数を使うことができます．

```
>>> x = 8
>>> x = x + 1
9
>>>
```

これは数学的には変に見えますが，最初に代入演算子の右側の「x + 1」が計算され，このときにはxが8なので，「8 + 1」で9となります．その結果が，代入演算子の左側のxに代入されます．このような計算の仕方はプログラミングではよく使われます．また実世界でも，預金の計算などでこのようなことができると便利です．例えば，1,000円の預金をしていて，年に利子が5％付くとします．1年後の預金額は，次のように計算できます．

```
>>> 1000 * (1 + 0.05)
1050.0
>>>
```

次の年の利子は，元金と利子を合わせたものを元金にして付くとすると，次の年には以下のような金額になります．

```
>>> 1050.0 * (1 + 0.05)
1102.5
>>>
```

このような計算は，先ほど示した代入演算子の左辺と右辺で同じ変数を使うと簡単に書けます．

```
>>> x = 1000
>>> x = x * (1 + 0.05)
>>> x = x * (1 + 0.05)
>>> x
1102.5
>>>
```

計算が終わった後にxの値がどのようになっているかをprint関数などで確認しながら進めていくと，変数の内容の変化を確認できます．

第3章 文字列, リスト, タプル, 辞書

第2章では, 実際にPythonのインタラクティブシェルを使いながら, Pythonで扱えるデータとその計算について, 基礎的な内容を説明しました. データには整数と小数があり, それと演算子を組み合わせて計算を行います. このようなデータ, 演算, 変数という枠組みは同じですが, Pythonでは整数と小数以外にもさまざまな種類のデータを用意しており, Pythonの大きな魅力の1つになっています. また, これが, Pythonがさまざまな分野で使われるようになった理由の1つでもあるのです.

データ型には, 文字列, リスト, タプル, 辞書などがあります. 本章では, これらのデータ型について説明します. ここでも前章と同じようにインタラクティブシェルを使い, 実際に手を動かしてそれぞれのデータ型を入力し試してみながら説明していきます.

この章で学ぶこと

- 文字列型データを使ってみる
- リスト型データを使ってみる
- タプル型データを使ってみる
- タプル型データをリスト型に変換する
- 辞書型データを使ってみる

3.1 文字列

前章で扱った整数, 小数がコンピュータで扱うデータとして必要なことはおわかりになると思います. Pythonや他のプログラミング言語では, これ以外のデータとして「文字列」を扱うことができます. 例えば, コンピュータと対話するプログラムを考えてみます. この場合, ユーザーが入力した「こんにちは」という文字列に対して, コンピュータから「こんにちは」と表示できる必要がありますし, 英語の場合には「Hello」と表示できたほうがよいでしょう. このように複数の文字からなるデータを「文字列」と呼びます.

ここでインタラクティブシェルに「Hello」と入力してみます.

```
>>> Hello
Traceback (most recent call last):
  File "<stdin>", line 1, in <module>
NameError: name 'Hello' is not defined
>>>
```

このようにエラーになってしまいます. これは, 「Hello」という文字列をそのま

ま入力すると変数として解釈されるからです．これを次のように書くと変数とし
て使えます．

```
>>> Hello = 329
>>> print(Hello)
329
>>>
```

　しかしこれでは「Hello」と表示することはできません．ここで文字列を使うこと
になります．

1　文字列データの定義

　入力した文字列を変数としてではなくそのままの文字列としてPythonが扱える
ようにするには，その文字列をシングルクオート（'）またはダブルクオート（"）で
囲みます．どちらを用いてもかまいませんが，本書ではダブルクオートを用いる
ことにします（なぜ2つの方法があるのかは，本項の最後で説明します）．例えば，
先ほどのHelloを文字列として扱いたい場合は"Hello"のように書きます．このよう
に書くと，print関数でHelloと表示できます．

```
>>> print("Hello")
Hello
>>>
```

　先ほどHelloという変数に329を代入しましたが，今度はHelloという文字列をダ
ブルクオートで囲っているので，変数としては見なされずに，そのまま表示されて
いることがわかります．もちろん日本語も使えます．

```
>>> print("こんにちは")
こんにちは
>>>
```

　このようにしてダブルクオートで囲った文字列はデータですので，変数に代入
することもできます．先ほどHelloという変数に329という数値を代入しましたが，
ここに（ちょっと変ですが）"Hello"という文字列を代入してみます．

```
>>> Hello = "Hello"
>>> print(Hello)
Hello
>>>
```

　今度は「329」ではなく「Hello」と表示され，文字列が値として代入されているこ

とがわかります.

最後に,文字列の中でダブルクオートを使いたい場合には,文字列をダブルクオートではなくシングルクオートで定義することで簡単に使うことができます.これが文字列を定義する方法が2つある理由です.次に例を示します.

```
>>> print('Hello, "John"')
Hello, "John"
>>>
```

2 ▶ 文字列の操作

前章では整数や小数のデータに対して+や*などの演算子が使えることを説明しました.このような演算子は文字列に対しても使えます.文字列に対して使えるのは,+演算子と*演算子だけです.

+演算子は複数の文字列を結合するのに用いることができます.

```
>>> print("こんにちは, " + "今日はよい天気ですね")
こんにちは, 今日はよい天気ですね
>>>
```

変数に代入した文字列に対しても同様に行えます.

```
>>> a = "こんにちは, "
>>> b = "今日はよい天気ですね"
>>> print(a + b)
こんにちは, 今日はよい天気ですね
>>>
```

*演算子は文字列の繰り返しに用いることができます.

```
>>> print("こんにちは" * 3)
こんにちはこんにちはこんにちは
>>>
```

+演算子が出てきたので,文字列を整数や小数と足し算してみましょう.例えば,前章では,体重60kgの人が1時間散歩したときに消費されるカロリーを次のようにして計算しました.

```
>>> 2.5 * 60 * 1 * 1.05
157.5
>>>
```

これを「消費カロリーは157.5」と表示するようにしてみます．以下のようにすると表示できそうですが，エラーになります．

```
>>> print("消費カロリーは" + 157.5)
Traceback (most recent call last):
  File "<stdin>", line 1, in <module>
TypeError: must be str, not float
>>>
```

これは，157.5が小数であり，文字列ではないからです．JavaやJavaScriptのような他のプログラミング言語では，そのまま157.5を文字列に変換してくれて「消費カロリーは157.5」と表示されますが，Pythonでは自分で数値を文字列に直す必要があります．ここで使用するのがstr関数です．

```
>>> print("消費カロリーは" + str(157.5))
消費カロリーは157.5
>>>
```

この作業は文字列を代入した変数に対しても行う必要があるので注意してください．

```
>>> cal = 2.5 * 60 * 1 * 1.05
>>> print("消費カロリーは" + str(cal))
消費カロリーは157.5
>>>
```

以上で，文字列の説明は終わりです．次は，複数のデータを1つの塊として扱うことを可能にするリストについて説明します．

3.2 リスト

リストは，これまでに説明したものとは異なったデータ型です．異なる点は，整数や浮動小数点数，文字列などの複数のデータをひとまとまりに束ねることができることです．例えば，整数では1回のテスト（例えば英語のテスト）の得点しか表すことができませんでした．しかし，実際には英語のテストは，中間テスト，期末テストのように複数ある場合があります．このような複数のテストの結果を処理するプログラムを書く場合は，複数の得点を扱う必要があります．そのようなときに用いるのがリスト型です．

1 リスト型データの作成

リスト型のデータの作成方法を説明しましょう．リスト型を使うときには次のような構文を用います．

```
[ データ1, データ2, …… データn ]
```

リスト全体は大括弧[ ]で表し，その中にまとめたいデータをカンマ(,)で区切って書きます．例えば数学のテストの得点が75点，80点，65点だったとすると，次のように書けます．

```
[ 75, 80, 65 ]
```

これで図3・1に示すような75, 80, 65という整数型のデータ3つを要素に持つリスト型のデータが作成されます．

図3・1　リストの構造

>>>の後に[75, 80, 65]を入力してみます．Enterキーを押すと次のようになります．

```
>>> [ 75, 80, 65 ]
[ 75, 80, 65 ]
>>>
```

Pythonがリストを解釈して，そのまま返してきています．これを変数に代入してみましょう．前章では，データを取っておく入れ物としての変数の話をしました．このようなリストも変数に代入して取っておくことができます．上記のリストをscoreという変数に代入してみます．

```
>>> score = [ 75, 80, 65 ]
>>>
```

これでリストを変数に代入することができました．この変数scoreに何が代入されているかは，他のデータと同じように次のようにして確かめることができます．

```
>>> score
[ 75, 80, 65 ]
>>>
```

リストはPythonで扱えるデータをまとめることができるので，整数以外のデータ，また，さまざまなデータが混在していても1つのリストにすることができます．例えば文字列型，整数型，小数点型の3種類のデータを1つのリストにしてみます．

```
>>> exam = [ "数学", 65, 70.5 ]
>>> exam
[ '数学', 65, 70.5 ]
>>>
```

ここで，リストを構成するデータの意味は使用するプログラムを作成する側で勝手に決めることができます．例えば，これは「数学のテストを受けたのが65人で，その平均点が70.5点であった」と読むことができますし，「数学のテストを2回行って，65点と70.5点だった」とも読めます．次は，リストにまとめたデータへのアクセス方法について説明します．

2 要素へのアクセス

前項で見たように，リストは複数のデータを1つにまとめて扱うことができます．このようにしてまとめられたデータをリストの「要素」と呼びます．ただ要素をまとめただけでは，何かのメモとしてはよいかもしれませんが，あまり役に立ちません．先ほどの数学のテストの例で，平均点の値を誤って入力したとしましょう．正しくは70.3点とします．このような場合には，そこだけを書き換えられないと，再度examという変数に["数学", 65, 70.3]を代入して上書きしなければなりません．要素数が少なければまだよいのですが，要素数が多いとき，あるいは何度も行う場合には大変です．

そこでリストでは，リストを代入した変数名と大括弧[ ]を使って番号を指定することで，その番号の場所に格納された要素を取り出すことができます．リストを作成する場合にも大括弧を用いたので，混乱しないように注意してください．CやJava，Processingなどの他の言語に慣れている方は，配列の要素指定方法と同じであると考えるとわかりやすいでしょう．

先ほど作成したリストで試してみます．

```
>>> exam[0]
'数学'
>>>
```

リストの先頭の要素の"数学"が取り出されて表示されました．取り出されたことがわかるように他の変数に代入してみます．

第3章　文字列，リスト，タプル，辞書

```
>>> title = exam[0]
>>> title
'数学'
>>>
```

　ここで [ ] 内の数字が0なのに，リストの最初，つまり1番目の要素が取り出されていることに注意してください．これは，プログラミング言語が歴史的に要素の開始番号を1ではなく，0から始めるという決まりがあるからです．つまり最初の要素は1番ではなく，0番になります．リストの要素の番号とその内容は図3・2のようになります．

0番目	1番目	2番目
"数学"	65	70.5

図3・2　リストの要素の番号

　このようにexam[0]の大括弧の中の数字は，このリストの要素番号を記しています．この数字を添え字といいます．添え字に0と書くと，上図の0番目の場所にある要素を指定したことになります．では，1を指定してみます．

```
>>> exam[1]
65
>>>
```

　今度は65が取り出されました．取り出されたものは単なるデータなので，第2章で説明した演算子を使って演算を行うことができます．例えばこれに5を足してみると，次のようになります．

```
>>> exam[1] + 5
70
>>>
```

　添え字には0から始まる「正の整数」を指定するのが普通ですが，Pythonでは，他のプログラミング言語とは異なり，負の整数も指定することができます．添え字に -1 を指定してみると次のようになります．

```
>>> exam[-1]
70.5
>>>
```

　リストの最後の要素が取り出されました．Pythonでは −1 はリストの最後の要素の添え字を表します．これ以外にも −2，−3なども指定でき，それぞれ最後か

38

ら2番目，3番目の要素を指定します．

　ここで注意が1つあります．添え字はリストの要素数が決める範囲を超えるとエラーになります．例えば，要素が3つしかないexamの添え字に3を指定してみると，次のようになります．

```
>>> exam[3]
Traceback (most recent call last):
  File "<stdin>", line 1, in <module>
IndexError: list index out of range
>>>
```

　ここでは「list index out of range（リストの添え字が範囲を超えている）」というエラーが出ています．今回使用したリストは要素数が3なので，添え字の範囲は0から2までです（0から始まっているので，要素数3よりも1つ値が少ないことに注意してください）．このため，3を指定すると添え字の範囲外となってしまい，エラーになります．ただし，0より小さい−1に関しては，前述したようにリストの最後の要素を指すのでエラーにはなりません．

　このようにリストを用いる場合には，要素数（リストの長さ）に注意する必要があります．リストの長さはlen関数を用いて調べることができます．

```
>>> len(exam)
3
>>>
```

　以上で，リストの要素へのアクセス方法の説明はおしまいです．今度は，要素を変更したり追加したりする方法について説明しましょう．

3　要素の変更と追加

　前項の最初のほうで「数学のテストの例で，平均点の値を誤って入力していた場合にそこだけを書き換えられないと，再度examという変数に["数学"，65，70.3]を代入して上書きしなければなりません」と説明しました．リストの最後の要素を70.5から70.3に書き換えるには，リストの要素が変更できる必要があります．これは代入演算子（=）を用いることで簡単にできます．

　70.5はリストの3番目の要素なので，exam[2]でアクセスすることができます．ここに新しい値を代入します．

```
>>> exam[2] = 70.3
>>> exam
['数学', 65, 70.3]
>>>
```

第3章　文字列，リスト，タプル，辞書

　最後の要素が書き換えられています．同様にリストの要素を使って計算した結果を再度リストの要素に代入することもできます．前項で示したexam[1] + 5を再度exam[1]に格納してみます．

```
>>> exam[1] = exam[1] + 5
>>> exam
['数学', 70, 70.3]
>>>
```

　このようにリストの要素へのアクセスは，＝の左辺でも右辺でも行うことができます．
　今度は，この数学のテストのリストにもう1つ平均点を加えてみます．最初に入っている70.3が前期の平均点，今回追加したいものが後期の平均点とし，68.4点としましょう．ここでちょっと思いつくのがリストの添え字を用いた追加方法です．

```
>>> exam[3] = 68.4
Traceback (most recent call last):
  File "<stdin>", line 1, in <module>
IndexError: list assignment index out of range
>>>
```

　これはエラー（「リストの代入の添え字が範囲を超えている」）になります．他のプログラミング言語ではこのようなことができるものもありますが，Pythonでは，新しい要素の追加を厳密にチェックするようになっています．
　リストに新しいデータを追加するには，リストが持つappendメソッドを用います．メソッドというのはデータに対して操作を行う機能のことで，詳しくは第6章で説明します．ここではexam変数にリストが代入されているので，それに対してappendメソッドを使用します．

```
>>> exam.append(68.4)
>>> exam
['数学', 70, 70.3, 68.4]
>>>
```

　最後に68.4が追加されました．appendメソッドの引数には追加したい要素を書きます．
　これで新しいデータを既存の要素の最後に追加する方法はわかりました．次に，要素と要素の間に追加（挿入）する方法を説明します．例えば，examの内容を人数，前期テストの平均点，後期テストの平均点とします．現在のexamにはテストを受けた人数が70人と1つしか書かれていません．後期のテストを受けた人数が（若干お休みがあり）70名ではなく65名だったとします．このような場合には，

70.3と68.4の間に65を挿入する必要があります．これにはinsertメソッドを用います．insertメソッドは2つの引数を取り，最初の引数は要素を挿入する場所，2つ目の引数は挿入するデータを指定します．

```
>>> exam.insert(3, 65)
>>> exam
['数学', 70, 70.3, 65, 68.4]
>>>
```

新しい要素が挿入され，挿入した場所にある要素は1つ後ろにずれます．これで要素の変更，追加方法がわかりました．次は不要な要素を削除する方法について説明しましょう．

4 要素の削除

リストの要素を削除するには2つの方法があります．removeメソッドを用いる方法とpopメソッドを用いる方法です．

リストのあらかじめわかっているある要素を削除したい場合を考えます．例えば，先ほどの例では，後期の数学のテストを受けた人数が前期の人数と同じになり，必要なくなったときは65は削除してもかまいません．このような場合には，削除したいデータをそのまま指定して削除することができます．このときに用いるのがremoveメソッドです．removeメソッドを使って65を削除してみます．

```
>>> exam.remove(65)
>>> exam
['数学', 70, 70.3, 68.4]
>>>
```

65が削除されました．リストに同じ要素が2つあった場合には注意が必要です．

```
>>> exam2 = ["数学", 70, 70.3, 70, 68.4]
>>> exam2.remove(70)
>>> exam2
['数学', 70.3, 70, 68.4]
>>>
```

同じ要素が複数個あった場合は，最初に見つかったものが削除されました．これだと不便な場合がありますが，そのようなときに用いるのがもう1つのpopメソッドです．

popメソッドは，リストの添え字を使って要素を削除する方法で，引数には削除したい要素の添え字を指定します．前述のexamには，["数学", 70, 70.3, 68.4]とい

第3章 文字列, リスト, タプル, 辞書

うリストが代入されています. ここから最後の68.4を削除してみます. 68.4の添え字は3であることに注意してください.

```
>>> exam.pop(3)
68.4
>>> exam
['数学', 70, 70.3]
>>>
```

先ほどremoveメソッドを実行したときには何も表示されませんでしたが, pop(3)を実行すると68.4という結果が表示されます. これはpopメソッドが要素を取り出して教えて（返して）くれたからです. removeメソッドは要素をそのまま削除するだけです. popメソッドで取り出された値は, 計算したり変数に代入して使ったりすることができます. 添え字が1の要素（つまり70）を取り出して, 10を掛け算してみます.

```
>>> exam.pop(1) * 10
700
>>>
```

70が取り出され, それが10倍されたものが表示されています. 先ほど述べたのと同様に, popメソッドに指定する添え字もリストの要素数を超えることはできません. 次のようにするとエラーが表示されることに注意してください.

```
>>> exam.pop(100)
Traceback (most recent call last):
  File "<stdin>", line 1, in <module>
IndexError: pop index out of range
>>>
```

ここまでappend, insert, remove, popとリストを操作する4つのメソッドを見てきました. これらは実行後, リスト自身の要素数を変更してしまうので, 添え字を使う場合は要素数に注意する必要があります.

5 リストの連結と拡張

最後にリスト同士を付ける操作（連結操作）について説明します. これは演算子で行うことができ, リスト同士は足し算することができます. 次のような2つのリストmathとengを考え, +演算子で足し算してみます.

```
>>> math = ["数学", 70, 70.3]
>>> eng = ["英語", 80, 69.5]
```

```
>>> math + eng
['数学', 70, 70.3, '英語', 80, 69.5]
>>>
```

2つのリストが連結され，新しいリストが作られています．次のようにして mathとengの内容を見てみます．

```
>>> math
['数学', 70, 70.3]
>>> eng
['英語', 80, 69.5]
>>>
```

いずれも元のままです．リスト同士の足し算は2つのリストから新しいリストを作り出します．

同様のリストを作成する方法としてextendメソッドを用いる方法があります．このメソッドは追加するリストを引数に取ります．先ほどのmathのリストにengのリストを追加してみます．

```
>>> math.extend(eng)
>>>
```

今度は何も表示されません．エラーも出ていないので正しく処理されています．ここで，先ほどのようにmathとengの内容を確認してみます．

```
>>> math
['数学', 70, 70.3, '英語', 80, 69.5]
>>> eng
['英語', 80, 69.5]
>>>
```

今度はengの内容は変わりませんが，mathの内容が変わっています．これは，mathに対してextendメソッドを実行したため，mathに格納されたリストの後ろにengのリストが追加されているからです．extendメソッドは，リスト同士の足し算とは異なり，新しいリストを作るかわりにリストそのものを書き換えてしまうことに注意してください．

3.3 タプル

Pythonではリストと似たデータ型にタプルがあります．タプルはリストと同じように複数のデータをまとめることはできますが，要素の追加，削除ができませ

第3章 文字列，リスト，タプル，辞書

ん．リストを使って複数人でプログラムを作成している場合，誰かがプログラム
の別の場所で不用意にリストの内容を書き換えてしまうと不都合なことがありま
す．このようなときにはタプルを使うと便利です．

1 タプル型データの作成と要素へのアクセス

タプルの作成はリストと同じですが，タプルでは丸括弧( )を使う点が異なりま
す．リストで作った["数学", 70, 70.3]をタプルで作成してみます．

```
>>> exam = ("数学", 70, 70.3)
>>> exam
('数学', 70, 70.3)
>>>
```

作成したタプルの要素へのアクセス方法はリストと同じで，角括弧[ ]に添え字
を指定してアクセスします．

```
>>> exam[2]
70.3
>>>
```

追加，変更はできません．例えば変更しようとするとエラーになります．

```
>>> exam[2] = 68.7
Traceback (most recent call last):
  File "<stdin>", line 1, in <module>
TypeError: 'tuple' object does not support item assignment
>>>
```

「タプルオブジェクトは要素の代入はサポートしていない('tuple' object does
not support item assignment)」というエラーが出ていることがわかります．

2 タプルからリストへの変換

タプルは一種の読み取り専用のデータ型ですが，一時的に要素を変更したり追
加したりする必要がある場合もあります．そのようなときには，タプルを一時的
にリストに変換してから変更や追加などを行います．これはlist関数で行うことが
でき，引数はタプルです．先ほど作成したexamをリストに変換してみます．

```
>>> list(exam)
['数学', 70, 70.3]
>>>
```

44

今度はタプルを表す丸括弧( )ではなく，リストを表す角括弧[ ]で表示されていることがわかります．要素は変わりません．例えば，これに68.4を追加して再度タプルに戻すという操作を行ってみます．リストをタプルに変換するには，tupleという組み込み関数を用います．引数はリストです．

```
>>> exam = list(exam)
>>> exam.append(68.4)
>>> exam = tuple(exam)
>>> exam
('数学', 70, 70.3, 68.4)
>>>
```

今度は丸括弧で表示されているように68.4が追加されたタプルになっていることがわかります．このようにして作成したタプルも読み取り専用ですので，その要素を変更しようとするとエラーになります．

3.4 辞書

辞書もリストやタプルと同様に複数のデータをまとめることができるデータ型です．「辞書」といわれると国語辞典や英和辞典を思い出す方も多いでしょう．基本的にはこれらの辞書を思い出せば，Pythonの辞書を理解するのは簡単です．辞典の共通した構造は，見出し語があり，国語辞典の場合はその意味が書かれ，英和辞典の場合は対応する日本語が書かれていることです．例えば英和辞典のappleという見出し語には，対応する日本語として「リンゴ」と書いてあります．

Pythonの辞書もこれと同じような構造を持ちます．英和辞典の場合には「見出し語」と「対応する日本語」となりますが，Pythonの場合は見出し語に当たる部分をキー（key）と呼び，「対応する日本語」に当たる部分を値（value）と呼びます．値の部分は，そのままバリューと呼ぶこともあります．このような形式は一般に「キーバリュー方式」と呼ばれます．

Pythonの辞書は，キーと値をコロン（:）でつなげて一組のペアとします．複数個のペアを指定する場合はリストと同じようにカンマ（,）で区切って並べます．後は全体を波括弧{ }で囲めば辞書ができます．

```
>>> dict = {"apple":"リンゴ", "orange":"ミカン", "melon":"メロン"}
>>> dict
{'apple': 'リンゴ', 'orange': 'ミカン', 'melon': 'メロン'}
>>>
```

これらは図3・3に示すようにキーと値がペアになって格納され，全体で1つの辞書型データを構成します．

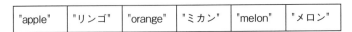

図3・3 辞書の構造

これでapple, orange, melonを見出し語に持つ辞書ができ，dict変数に代入されました．

1 要素へのアクセス

辞書の要素にアクセスするにはキーを使います．英和辞典を使う際，appleという単語に対応する日本語を知りたいときにappleという見出し語を探すのと同じです．キーの指定にはリストの添え字と同じように角括弧[ ]を使用します．キーがappleの値を取り出してみます．

```
>>> dict["apple"]
'リンゴ'
>>>
```

"apple"に対して指定した"リンゴ"という値が取り出されています．値を取り出しても辞書自体は変わりません．

```
>>> dict
{'apple': 'リンゴ', 'orange': 'ミカン', 'melon': 'メロン'}
>>>
```

ここで注意が必要です．キーを間違えて，存在しないキーを指定するとエラーになります．例えば，melonをmeronと書くと，エラーになります．

```
>>> dict["meron"]
Traceback (most recent call last):
  File "<stdin>", line 1, in <module>
KeyError: 'meron'
>>>
```

プログラムの実行中にエラーになってしまうと困る場合があります．そのような状況のために事前にキーが存在するかどうかを調べる方法があります．inというキーワードを使う方法ですが，これまでに出てきた演算子とは書き方が少し異なるので注意してください（英語的に読むとわかりやすい形をしています）．たとえば"orange"と先ほどの"meron"がキーとして存在するかを調べてみます．

```
>>> "orange" in dict
True
>>> "meron" in dict
False
>>>
```

存在する・しないが戻り値のTrueとFalseでわかるようになっています（True，
Falseに関しては第4章のif文のところで説明します）．辞書に存在するかどうかが
不確かな場合は，事前にinを使って確認しておくとよいでしょう．このようなキー
ワードは他の変数やキーワードと区別がつくようにスペースなどの空白文字を入
れることに注意してください．

2　要素の変更と追加

先ほど作成したdictに新しい単語とその日本語を追加してみます．辞書内の要
素をアクセスするのにキーを用いて行ったのと同じような方法で，新しいペアを
追加することができます．ここでは"grape"というキーに"ブドウ"という値を持つ
ペアを追加してみます．

```
>>> dict["grape"] = "ブドウ"
>>> dict
{'apple': 'リンゴ', 'orange': 'ミカン', 'melon': 'メロン',
'grape': 'ブドウ'}
>>>
```

最後の要素として追加されました．dictには"grape"というキーが存在しないの
で，新しく追加してくれたのです．次に，既存のキーを指定してみます．

```
>>> dict["grape"] = "葡萄"
>>> dict
{'apple': 'リンゴ', 'orange': 'ミカン', 'melon': 'メロン',
'grape': '葡萄'}
>>>
```

今度は指定したキーがすでに存在するので，その値が書き換わっていることが
わかります．このように辞書の要素を変更するには，書き換えたいキーを指定し
てそこに書き換えたい値を代入すればよいのです．
このことから，同じキーは複数存在することができないことがわかります．こ
れは，辞典でも同じことがいえます．そのかわり，値には好きなものを代入できる
ので，同じ値が複数存在してもかまいません．"melon"の値を"葡萄"にしてみます．

第3章 文字列, リスト, タプル, 辞書

```
>>> dict["melon"] = "葡萄"
>>> dict
{'apple': 'リンゴ', 'orange': 'ミカン', 'melon': '葡萄',
'grape': '葡萄'}
>>>
```

今度は値に"葡萄"が2つあることがわかります. ここまでは辞典を例に説明したのでキーが文字列でしたが, キーや値には数値も指定できます. 例えば学籍番号と名前を考えてみます.

```
>>> student = { 1301: "大妻花子", 1302: "小野絵美", 1303: "山本美咲" }
>>> student[1301]
'大妻花子'
>>>
```

3 要素の削除

ここでは要素の削除方法について説明します. 先ほど作成したdictは次のようになっていました.

```
>>> dict
{'apple': 'リンゴ', 'orange': 'ミカン', 'melon': '葡萄',
'grape': '葡萄'}
>>>
```

"melon"が"葡萄"になっているので, 削除してみます. 辞書から要素を削除するには, リストと同じくpopメソッドが使えます. 引数には削除したい要素のキーを指定します. リストのときのようなremoveメソッドは辞書にはありません.

```
>>> dict.pop("melon")
'葡萄'
>>> dict
{'apple': 'リンゴ', 'orange': 'ミカン', 'grape': '葡萄'}
>>>
```

"melon"と"葡萄"のペアが削除されました. リストのpopメソッドのように値が返されることに注意してください. 辞書なので指定されたキーが持つ値が返されます.

48

第4章 制御構造を知る

　これまで見てきたPythonのプログラムは, 水が上から下に落ちるように上から下に向かって順に処理が実行されるものばかりでした. 例えば, 朝起きて大学に行くまでのことを考えてみます. 処理が順に進むというのは,「ご飯を食べて, 学校に行く」みたいなものです. しかし, 皆さんも経験があるように, 実際の世の中に存在する処理は順に進むものばかりではありません. 例えば, 早起きが苦手な人は「朝7時30分より前に起きられたら, 朝ご飯を食べて大学に行こう. 起きられなかったら, 途中でパンを買おう」という感じになるでしょう. このような処理を実現しようとしたら, これまでの上から下に順に処理が進むということだけでは対応できません.

　ここで登場するのが制御構造というものです. 制御構造とはこれまでの上から下に順に処理が進む処理の「流れ」を変えるものです. これには, 大きく分けて, 条件分岐と繰り返しの2種類があります.

この章で学ぶこと

- if文を用いて, プログラムの処理の流れを変える
- 比較演算子, 論理演算子を用いて, いろいろな条件式を作成する
- while文とfor文を用いて同じ処理を繰り返し実する

4.1 if文

　if文は, 条件に応じてその後の処理を変える構文です. これを条件分岐と呼びます. ifには英語でも「もし～ならば」という意味があり, 条件に応じて処理を変える目的で使うということがわかります.

　このような条件分岐はプログラムのさまざまなところで使われています. 最もわかりやすいのは, ゲームのハイスコア判定やショッピングサイトの写真の選択などでしょう. 例えば, スマホなどのゲームである得点を取ったとき, それが以前のハイスコアより大きいかどうかを判定するのにif文が使われています. ショッピングサイトの場合には, 商品の写真をクリックして選択する処理にif文が使われています.

1 数値処理で学ぶ

　aという変数に代入された値が60より大きい場合に「60より大きい」と表示するプログラムを考えてみます. これは, 次の3つの処理からなります.

49

① aという変数を用意する
② aが60よりも大きいか，を判断する条件を書く
③ ②の条件が成り立つときに「60より大きい」と表示する

ここで②の処理を記述するのがif文です．これは，以下のような形をしています．

■ if 文

```
if 条件式：
    条件式が成り立ったときに実行する処理1
    条件式が成り立ったときに実行する処理2
```

ifというキーワードの後に，条件式が書かれており，その後にコロン（：）があります．この条件式が②の条件に相当する部分です．その後に「条件式が成り立ったときに実行する処理」が2つ書いてあります．これが③に相当する部分です．ここでは処理1，処理2と2つしか書いてありませんが，いくつ書いてもかまいません．

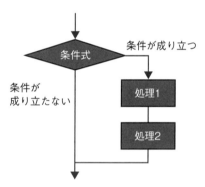

図4・1 if文の処理の流れ

ここで注意が必要なのは，「条件式が成り立ったときに実行する処理」がすべて Tab キーまたは半角スペースでインデントされていなければならないことです．Pythonでは，ifが書かれた文より後の文で，インデントされているものだけをifの条件が成り立つときに実行します．

このインデントは，これから学ぶwhile文やfor文でも同様で，Pythonではインデントされた文をブロック（実行の範囲）として扱います．C言語やJava，JavaScriptなどで一般的な，ブロックを{と}で範囲指定する方法とは大きく異なることに注意してください．

それでは，先ほどの例をif文で書いてみます．次のようになります．また，プログラムの行番号は説明のためのもので，実際には入力しません．

4.1 if文

```
1: a = 61                      # ①の処理
2: if a > 60:                  # ②の処理
3:     print("60より大きい")    # ③の処理
4: print("if文終わり")
```

これをIDLEに入力して実行すると，aに61が代入されているので2行目のif文が成り立ち，「60より大きい」と表示された後に「if文終わり」と表示されます．aを59に書き換えると，今度は「if文終わり」とだけ表示されるようになります．1行目のaを59に変えたことで，2行目の条件式が成り立たなくなり，print("60より大きい")が実行されなくなったためです．4行目のprint("if文終わり")はif文より下にありますが，タブでインデントされていないため，if文の条件が成り立っても成り立たなくても実行されます．

このように，if文を用いることで，条件に基づいてプログラムの処理の流れを変えることができます．

2 比較演算子

前節で使った「>」のような記号を比較演算子といいます．比較演算子には表4・1のようなものがあります．

表4・1 比較演算子

演算子	意味	演算子	意味
==	等しい	!=	等しくない
>	より大きい	>=	以上（左が大きいか等しい）
<	より小さい	<=	以下（右が大きいか等しい）

「以上」「以下」を表すのに不等号の≧や≦は使えないので，＝と>や<を組み合わせて書きます．比較演算子を使う際の注意点が2つあります．

1　「等しい」は「==」というように「=」を2つ書く
2　「=>」や「=<」はエラーになる（不等号の位置に注意）

以上，以下，より大きい，より小さい，の関係を図4・2に示します．条件式に書いた値が含まれる，含まれないに注意してください．

51

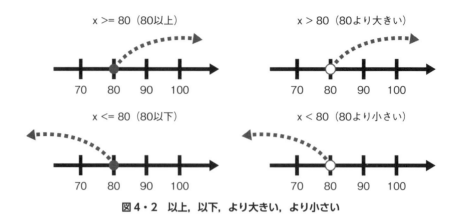

図4・2 以上，以下，より大きい，より小さい

前項では比較演算子を数値の比較に用いましたが，文字列の比較にも使用できます．例えば次の例では，変数nameの値が「こまさん」の場合は2行目のif文が成り立ち，「もんげー」と表示されます．

```
name = "こまさん"
if name == "こまさん":
    print("もんげー")
```

3 論理値

条件を記述する記号が「演算子」と呼ばれているのには理由があります．第2章では四則演算を行う演算子を見ました．例えば足し算を行う+記号がそうですが，これは次のように書くと足し算（つまり，演算）を行い，その結果を返してくれます．

```
>>> 1 + 2
3
>>>
```

演算子は，このように演算結果を生成するものです．これは比較演算子も同様です．

```
>>> a = 70
>>> a > 60
True
>>>
```

Trueという値が返ってきました．これは，a>60という条件が成り立った（つまり，真となった）結果を値で表しています．このような値を論理値といいます．論理値は2種類しかなく，この例のように「条件が成り立った」ことを表すTrue，あ

るいは「条件が成り立たなかった」ことを表すFalseです.

```
>>> a < 60
False
>>>
```

今度はaが70なのでこの条件式は成り立ちません. ですので, Pythonはそれを演算した結果としてFalseを返しているのです.

4 論理演算子

簡単な条件式だけでは不十分な場合があります. 例えば「aが30以上で, 60以下の場合」を条件にしたい場合です. このようなときに用いるのが論理演算子です.

論理演算子を用いることで, if文の中に複数の条件式を組み合わせて書くことができます. 例えば「aが30以上で60以下」を「aが30以上, かつaが60以下」と言い直してみます. 間に「かつ」が入り, 両側が2つの条件式になることがわかります. これをそのまま書くと, 次のようになります.

```
if 30 <= a and a <= 60:
    print(str(a) + "は30以上で, 60以下である")
```

ここで「and」を論理演算子といい, 「かつ」を表します. これは, その左側にある条件式(上記の場合は, 30 <= a)と右側にある条件式(a <= 60)が両方成り立つときに, 全体が成り立ちます. この条件を図で表すと図4・3のようになります.

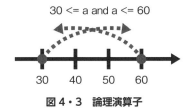

図4・3　論理演算子

例えばaが50の場合は両方の条件式が成り立つので, print関数が実行されますが, aが20の場合は左の条件式が成り立たないので, print関数は実行されません. このような論理演算子には表4・2のようなものがあります.

表4・2　論理演算子

条件式1 and 条件式2	条件式1, 条件式2の両方が成り立つ(かつ)
条件式1 or 条件式2	条件式1, 条件式2の少なくとも片方が成り立つ(または)

次にorを使ってみます. これは, 例えば「30以下か60以上の数字」をチェックするのに使えます. 先ほどのif文を次のように書き換えてみます.

```
if a <= 30 or 60 <= a:
    print(str(a) + "は30以下か, 60以上である")
```

今度はaを20にしても, 70にしてもprint文が実行されます.

5 else文, elif文

if文の基本形は以上ですが, xが60以下(すなわち, 条件式が成り立たなかった)ときにもメッセージを出したい場合は, elseを用います. これは次のような構造になっています.

■ else文

```
if 条件式:
    条件式が成り立ったときに実行する処理1
    条件式が成り立ったときに実行する処理2
else:
    条件式が成り立たないときに実行する処理3
    条件式が成り立たないときに実行する処理4
```

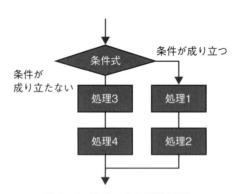

図4・4　if else文の処理の流れ

先ほどのif文にelse:以降が加わっています. このelse:以降が, if文の条件式が「成り立たなかった」ときに実行される部分です. これを使うと「60以下の場合に,『60以下である』と表示する」プログラムを作成することができます.

```
1: a = 59
2: if a > 60:
3:     print("60より大きい")
4: else:
5:     print("60以下である")
6: print("if文終わり")
```

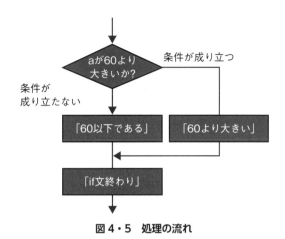

図 4・5　処理の流れ

　これを実行すると「60以下である」と「if文終わり」が表示されます．これはelseを追加したことにより，aが60以下の場合の処理の流れが変わったせいです．if文の条件式が成り立った場合は，3行目のprint("60より大きい")が実行されるのはこれまでと同じですが，その下のelseは「if文の条件式が成り立たなかった」場合の処理なので実行されず，次に実行されるのは6行目のprint("if文終わり")になります．逆に，aが59のように60未満の場合は条件式が「成り立たない」ので，if文の決まりに従い，4行目のelseまで処理が飛び，5行目のprint("60以下である")が実行されます．

　さらに条件を追加したい場合には，次のようにelseにifを追加します．他のプログラミング言語ではelseとifを使いますが，Pythonではelif文を用います．

■ elif 文

```
if 条件式1:
    条件式1が成り立ったときに実行する処理1
elif 条件式2:
    条件式1が成り立たないときで条件式2が成り立ったときに実行する処理2
elif 条件式3:
    条件式1および条件式2が成り立たないときで条件式3が成り立ったときに実行する処理3
else:
    すべての条件式が成り立たないときに実行する処理4
```

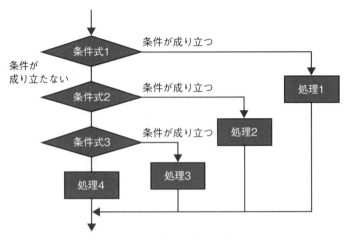

図4・6　elif 文の処理の流れ

先ほどのプログラムを変更して，xが60以下，30より大きい場合にメッセージを表示するサンプルを以下に示します．

```
1: if a > 60:
2:     print("60より大きい")
3: elif a > 30:
4:     print("60以下だが，30より大きい")
5: print("if文終わり")
```

すべての条件に当てはまらない場合の処理は，先ほどの構文の説明のように最後にelse文を追加することで処理できます．

```
1: if a > 60:
2:     print("60より大きい")
3: elif a > 30:
4:     print("60以下だが，30より大きい")
5: else:
6:     print("30以下の数値")
7: print("if文終わり")
```

6　Turtle Graphics で学ぶ

ここではPythonが提供するTurtle Graphics（タートルグラフィックス）とif文を組み合わせて，視覚的にif文を勉強してみます．Turtle Graphicsは，Turtle（亀）を使ってTurtleが動いた軌跡で線画を描画するものです（詳しくは第5章で説明します）．図4・7にTurtle Graphicsの例を示します．矢印の先の部分がTurtleを表し，移動したところに線が引かれています．

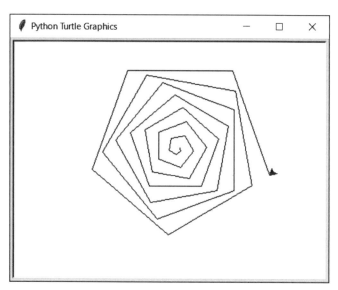

図 4・7　Turtle Graphics の例

最も簡単なプログラムを以下に示します．

```
import turtle        # Turtle Graphicsで必要な機能を読み込む
t = turtle.Turtle()  # Turtleを作成する
t.fd(100)            # Turtleを前に100進める
```

これを実行すると図4・8のように表示されます．

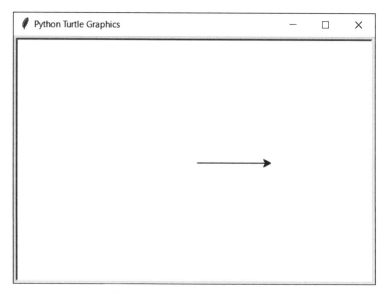

図 4・8　Turtle Graphics の実行例

ここで矢印の矢の部分がTurtleを表し，t.fd(100)とすることで100だけ前進させ

第4章　制御構造を知る

ることができます．Turtleが動いた跡には線が描かれます．

　この機能を用いて，⒡キーか⒝キーを入力することでTurtleが前進したり，後退したりするプログラムを作成します．Pythonではユーザーからの入力はinput関数でプログラムに取り込むことができます．input関数は引数に文字列を取り，実行するとその文字列が表示されます．その後で，何かのキーを押し⎡Enter⎤キーを押すとそのキーに対応する文字列がプログラムに渡されます．以下のように入力して実行すると，「入力待ち>」と表示されて停止します（>>>が表示されません）．

```
>>> input("入力待ち> ")
入力待ち>
```

　ここで⒡キーを押して⎡Enter⎤キーを押してみてください．

```
>>> input("入力待ち> ")
入力待ち> f
'f'
>>>
```

　「入力待ち>」の後のfはキーボードから入力されたキー，その次の行の'f'は，⎡Enter⎤キーを押すまでの文字列をPythonが受け取って文字列として返したものです．これでinput関数の処理が終わり，Pythonのプロンプトの「>>>」が表示されます．

　input関数とif文を組み合わせてTurtleを制御するプログラムを作ってみます．次のプログラムをIDLEに入力して実行してみてください．

```python
import turtle
t = turtle.Turtle()
s = input("FB> ")
if s == "f":
    t.fd(100)  # 前進する
elif s == "b":
    t.bk(100)  # 後退する
```

　実行すると，図4・9のように「FB>」と表示されて入力待ちになります．

58

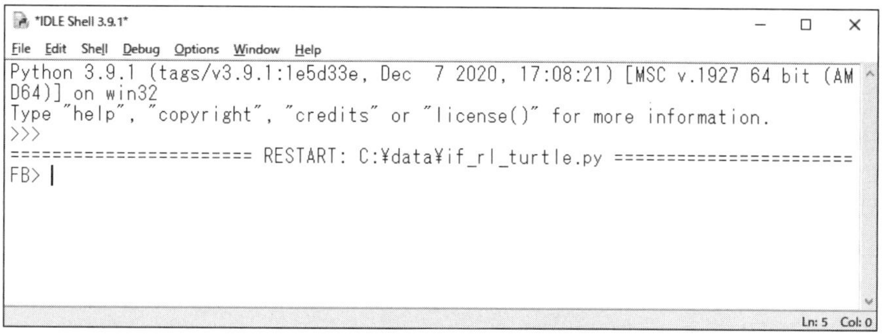

4.1 if 文

図 4・9 input 関数の入力待ち

ここで F キーを入力して Enter キーを押すと，図 4・10 のように Turtle が前進して右に移動します．もう一度実行して今度は B キーを入力して Enter キーを押すと，後退して左側に移動します．このように，if 文を用いるとプログラムの実行の流れを変更することができ，Turtle の動きを制御できます．

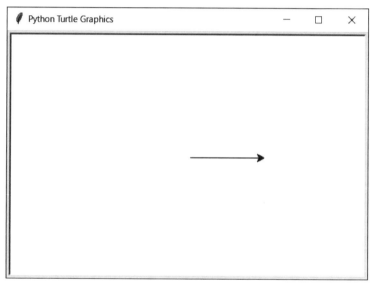

図 4・10 実行結果

次に F キー，B キー，R キー，L キーで，前進，後退，右回転，左回転を行えるようにし，それ以外のキーが入力されると終了するようにします．キーは 20 回まで入力できるようにしてみます．右回転には rt 関数，左回転には lt 関数を使います．処理を 20 回繰り返す必要があるので，while 文を使います．while 文は次節で説明するので，ここでは，そのまま入力してください．

```
import turtle
t = turtle.Turtle()
n = 0
```

```
while n < 20:
    s = input("FBRL> ")
    if s == "f": # 前進する
        t.fd(100)
    elif s == "b": # 後退する
        t.bk(100)
    elif s == "r": # 右に45°回転する
        t.rt(45)
    elif s == "l": # 左に45°回転する
        t.lt(45)
    else: # 上記以外のキーは終了する
        break
    n += 1
```

実行して，Fキー，Bキー，Rキー，Lキーを入力していくと自分の好きなようにタートルの動きを制御することができます（図4・11）．

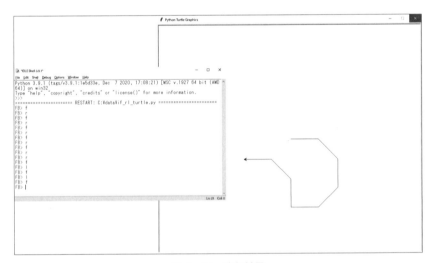

図4・11　実行結果

4.2　while文

プログラムを作成していると，複数回同じ処理を繰り返す必要が出てきます．例えばショッピングサイトでは，商品の写真を複数枚表示する必要があります．このように同じ処理を複数回繰り返す処理を「繰り返し処理」と呼びます．このような場合に使用するのがwhile文です．

1 数値処理で学ぶ

　if文は条件式が成り立つと，その後に続くタブでインデントされた文を実行しました．while文はif文に似ており，「条件式が成り立っている**間**，それに続くタブでインデントされた文を繰り返し実行」します．つまり，if文は条件が成り立った「**とき**」に実行するのに対して，while文は条件が成り立つ「**間**」，実行を繰り返す点が異なります．if文と同様に，「条件式が成り立つ間，実行する処理」はいくつでも書くことができます．

　このようなwhile文の処理の流れを図で表すと図4・12のようになります．

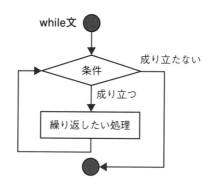

図4・12　while文の処理の流れ

　最初の菱形が条件を表しますが，これをチェックして条件が成り立つと，その下の四角形の「繰り返したい処理」が実行され，実行後，再び条件がチェックされます．その際に，条件が成り立つと再度「繰り返したい処理」が実行されます．このような処理が，条件が成り立たなくなるまで繰り返されます．このようなwhile文は以下の構文で書きます．

■ while文

```
while 条件式:
    繰り返したい処理1
    繰り返したい処理2
    ……
```

　同じ処理を3回繰り返すプログラムをwhile文で書くと，次のようになります．

```
1: n = 0
2: while n < 3:
3:     print("こんにちは" + str(n) + "さん")
4:     n += 1
5: print("while文の終わり")
```

　実行すると次のように表示されます．

第4章 制御構造を知る

```
こんにちは0さん
こんにちは1さん
こんにちは2さん
while文の終わり
```

　この場合は，1行目で変数nが用意され，0が代入されます．その後2行目のwhile
文の条件がチェックされます．最初，nは0であり，n ＜ 3の条件が成り立つので，
次のタブでインデントされた文（ここでは3行目と4行目）が順に実行され，4行目
でnが1増やされて，1になります．その後再び，2行目のwhile文の条件（n ＜ 3）が
チェックされ，ここでも成り立つのでタブでインデントされた文が実行されます．
この処理がnが3になるまで繰り返されます．4行目がないと，nの値が変わらず
while文が無限に繰り返されるので注意してください．このような役割をする変数
nのことを，繰り返し処理（ループ）を制御する変数という意味でループ変数とい
うことがあります．

2　while文の動作

　while文は，慣れないうちは間違えやすいのでステップごとにどのように実行さ
れるかを以下に示します．どの文がどのような順番で実行され，最初に用意したn
の値がどのように変わっていくかに注意してください．太字が実行されている箇
所を示します．

(1) 最初に1行目のn＝0が実行されます．

　ここで変数nが用意され，0が代入されます．

```
n = 0
while n < 3:
    print("こんにちは" + str(n) + "さん")        nの値： 0
    n += 1
print("while文の終わり")
```

(2) 次に，while文に入り「条件式」のn＜3がチェックされます．

　ここはこの先，何回もチェックされるのですが，今回はnが0なので，n ＜ 3，す
なわち「nは3より小さいか」という条件が成り立ちます．

```
n = 0
while n < 3:
    print("こんにちは" + str(n) + "さん")        nの値： 0
    n += 1
print("while文の終わり")
```

62

(3) 条件が成り立つと「繰り返したい処理」が実行されます.

Pythonではインデントされた部分がそれに当たります. 3行目が実行され, nが
0なので「こんにちは0さん」と表示されます.

```
n = 0
while n < 3:
    print("こんにちは" + str(n) + "さん")          nの値: 0
    n += 1
print("while文の終わり")
```

**(4) 次に, その下の行の「n += 1」もインデントされているので, 実行され
ます.**

「n += 1」は「n = n + 1」と同じ処理なので, 0だったnが1増えて1になります.

```
n = 0
while n < 3:
    print("こんにちは" + str(n) + "さん")          nの値: 1
    n += 1
print("while文の終わり")
```

その後のprint文に注意してください. ここはインデントされていません. その
ため, この行は実行されずに, while文の先頭に戻ります. ここで実行されるのが
while文の「条件式」の部分なのです.

(5) 「条件式」のn < 3 がチェックされます.

ここで, nが1なのでn < 3が成り立ちます.

```
n = 0
while n < 3:
    print("こんにちは" + str(n) + "さん")          nの値: 1
    n += 1
print("while文の終わり")
```

(6) 条件が成り立つと「繰り返したい処理」が実行されます.

printが実行され, nが1なので「こんにちは1さん」と表示されます.

```
n = 0
while n < 3:
    print("こんにちは" + str(n) + "さん")          nの値: 1
    n += 1
print("while文の終わり")
```

(7) 次に, n += 1 が実行されます.

これで1だったnが1増えて2になります.

```
n = 0
while n < 3:
    print("こんにちは" + str(n) + "さん")
    n += 1
print("while文の終わり")
```
nの値：2

(8) 次に「条件式」であるn＜3がチェックされ, 成り立つので, printが実行され「こんにちは2さん」と表示されます.

その後, 先ほどと同様に n += 1 が実行され, nが1増えて3になります. この後が重要です.

(9)「条件式」のn＜3がチェックされます.

ここでnが3なのでこの条件は成り立ちません.

```
n = 0
while n < 3:
    print("こんにちは" + str(n) + "さん")
    n += 1
print("while文の終わり")
```
nの値：3

(10) while文の終わり.

「条件」が成り立たなくなるとwhile文は終了します. while文の繰り返したい処理はタブでインデントされている部分なので, この部分は飛ばされ, ここで初めてprint("while文の終わり")が実行されます.

```
n = 0
while n < 3:
    print ("こんにちは" + str(n) + "さん")
    n += 1
print("while文の終わり")
```
nの値：3

変数nとwhileの条件判断機能をうまく組み合わせて繰り返し処理が実現されていることがわかります.

3 Turtle Graphicsで学ぶ

Turtle Graphicsで同じ処理を繰り返すプログラムとして, 三角形を描画するプログラムを作成してみます. 以下にプログラムを示します.

4.2 while 文

```
import turtle
t = turtle.Turtle()
t.fd(100)   # 前進する
t.rt(120)   # 右に120°回転する
t.fd(100)   # 前進する
t.rt(120)   # 右に120°回転する
t.fd(100)   # 前進する
t.rt(120)   # 右に120°回転する
```

「前進する」「右に120°回転する」という2つの処理が3回繰り返されています。実行すると図4・13のような三角形を表示します。

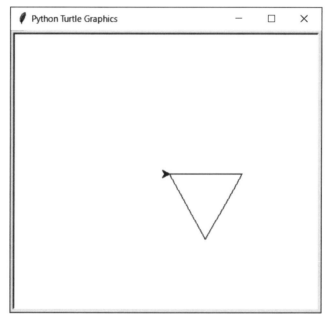

図4・13　実行結果

これをwhile文で書くと次のようになります。

```
import turtle
t = turtle.Turtle()
n = 0
while n < 3:
    t.fd(100)   # 前進する
    t.rt(120)   # 右に120°回転する
    n += 1
```

ちょうど繰り返されている2つの文，t.fd(100)とt.ft(120)が，while文の繰り返したい処理の部分に書かれており，その後にループ変数が1ずつ増やされています。

第4章　制御構造を知る

前項で3回print関数を実行するプログラムを見ましたが，これも同じ形をしていることがわかります．

このようなwhile文は条件式が成り立っている間，繰り返したい処理を繰り返すだけなので，条件式は数値の比較でなくてもかまいません．例えば，4.1節6項で示したプログラムは論理値を用いて次のようにして書き直すことができます．変更した部分を太字で示します．

```python
import turtle
t = turtle.Turtle()
n = True

while n == True:
    s = input("FBRL> ")
    if s == "f":    # 前進する
        t.fd(100)
    elif s == "b": # 後退する
        t.bk(100)
    elif s == "r": # 右に45°回転する
        t.rt(45)
    elif s == "l": # 左に45°回転する
        t.lt(45)
    else:              # 上記以外のキーは終了する
        n = False
```

今度は，while文の条件式が「n==True」になっているので，nがFalseに変わるまで何回でも実行することができます．nにFalseを代入しているのは，最後のelseの中です．ここでnにFalseが代入されると，while文の条件式のチェック時に，条件が成り立たなくなり，while文が終了します．なお，while文の条件式は，while n == True:ではなく，while n:と書くこともできます．

4.3　for文

for文は，あらかじめ決められた回数（例えば，10回）だけ処理を繰り返すときによく用います．先ほどwhile文でも同じ処理を3回繰り返すプログラムを見ましたが，for文のほうがよりコンパクトに書けます．なお，他のプログラミング言語をご存じの方は，Pythonのfor文は，C言語，Java言語，JavaScriptのfor文とは異なることに注意してください．Webサービスでよく使われるPHP言語のforeachに近い形をしています．

1 数値処理で学ぶ

for文は次のような形をしています.

■ for文

```
for 変数 in リスト型のデータ:
    繰り返したい処理1
    繰り返したい処理2
    ……
```

リストと書かれているのは第3章で説明したリストです. 図4・14にfor文の処理の流れを示します.

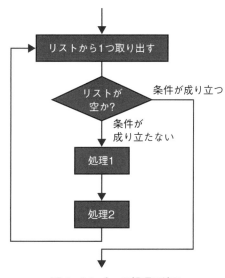

図4・14 forの処理の流れ

どのように繰り返し処理が行われるかは, 実際に例を見てみるとわかりやすいでしょう. まずは, 前節で説明した以下のwhile文のプログラムと同じ動作をするプログラムをfor文で書いてみます.

```
n = 0
while n < 3:
    print("こんにちは" + str(n) + "さん")
    n += 1
print("while文の終わり")
```

これは, 以下のようになります.

第4章 制御構造を知る

```
for n in [ 0, 1, 2 ]:
    print("こんにちは" + str(n) + "さん")
print("for文の終わり")
```

実行してみると次のように表示され、while文と同じ働きをしていることがわかります。

```
こんにちは0さん
こんにちは1さん
こんにちは2さん
for文の終わり
```

実際の処理の流れは次のようになります。

1　for文を実行すると、リストの最初の要素が取り出され、変数nに代入される。
2　for文以降ではタブでインデントした文「繰り返したい処理」が実行される。
3　「繰り返したい処理」が終わると、for文に戻る。
4　リストから次の要素が取り出される。要素がある場合は、変数nに代入され2へ戻る。
5　要素がない場合は、for文が終了する。

　for文のポイントは、inの後に指定されたリストの先頭から1つずつ要素が取り出され、それがnに代入され、それをもとに繰り返したい処理が「リストの要素がなくなる」まで実行される、ということです。
　以上がわかれば、inの後に書いたリストを長くしていけば何回でも繰り返し処理が書けることがわかります。

2 ▶ 文字列型, タプル型, 辞書型

　for文では、inキーワードの後に、第3章で説明した文字列型、タプル型、辞書型を指定できます。

(1) タプルを使用する

　タプルは読み取りしか行えないリスト型でした。先ほどの例をタプルで書き直した例を示します。

```
for n in (0, 1, 2):
    print("こんにちは" + str(n) + "さん")
print("for文の終わり")
```

68

これを実行すると，リストで書いた場合と同様の結果を得ることができます．

(2) 文字列型を使用する

文字列型データを使用すると，次のようになります．

```
for n in "abc":
    print("こんにちは" + n + "さん")
print("for文の終わり")
```

これを実行すると，次のような結果になります．文字列から1文字ずつ文字が取り出されてfor文が実行されていることがわかります．

```
こんにちはaさん
こんにちはbさん
こんにちはcさん
for文の終わり
```

ここではアルファベットを使いましたが，文字列に日本語を指定しても，同様に1文字ずつ取り出されてfor文が実行されます．

(3) 辞書型を使用する

辞書型はいろいろな渡し方がありますが，まずは，そのまま渡してみます．

```
for n in {"apple":"リンゴ", "orange":"ミカン", "melon":"メロン"}:
    print(n)
```

これを実行すると次のようになり，キーがnに代入されていることがわかります．

```
apple
orange
melon
```

キーと値の両方が必要な場合は，辞書型のitemsメソッドを用います．プログラムがわかりやすいようにdictという変数に辞書を代入して使います．

```
dict = {"apple":"リンゴ", "orange":"ミカン", "melon":"メロン"}
for n in dict.items():
    print(n)
```

これを実行すると，次のようにキーと値が両方取り出されることがわかります．

```
('apple', 'リンゴ')
('orange', 'ミカン')
('melon', 'メロン')
```

第4章　制御構造を知る

このように辞書の場合はキーと値があるので，通常は次のようなメソッドを使って明示的に書きます．

- キーと値 が必要なら → items メソッド
- キーだけ が必要なら → keys メソッド
- 値だけが必要なら → values メソッド

(4) range関数を使用する

range関数は，指定した長さの，連続した整数のリストを自動で生成する関数です．for文とrange関数を組み合わせることで，指定した回数だけ繰り返す処理を簡単に書くことができます．range関数は次のような形をしています．

■ range 関数

```
range(始まりの数値，最後の数値，増加する量)
```

ここで必ず指定しなければならないのは，「最後の数値」だけです．その他の引数は省略することができます．1項（p.67）の例をrange関数で書き直してみましょう．

```
for n in range(3):
    print("こんにちは" + str(n) + "さん")
print("for文の終わり")
```

実行すると，同様の出力がされることがわかります．

この例ではrange関数に3を渡しているので，「0から2までの要素を持つ長さ3のリスト」が作られ，そこから1つずつ要素が取り出されるので，3回のループを行うことができます．

最初の数字を0以外の数字にしたい場合は，引数の「始まりの数値」を指定します．

```
for n in range(1, 3):
    print("こんにちは" + str(n) + "さん")
print("for文の終わり")
```

実行すると，次のような出力が得られます．

```
こんにちは1さん
こんにちは2さん
for文の終わり
```

ここではrangeの引数を(3)から(1, 3)に変更しました．これにより，range関数によって返されるのが「1から3までの要素を持つ長さ2のリスト」になったので，

ループ回数が2回になりました．また，最後の引数である「増加する量」を指定すれば，生成されるリストを自由に変えることができます．これにより，0から9まで2ずつ増えるリストや，0から9まで3ずつ増えるリストなどを簡単に作ることができます．

```
for n in range(0, 5, 2):
    print("こんにちは" + str(n) + "さん")
print("for文の終わり")
```

```
こんにちは0さん
こんにちは2さん
こんにちは4さん
for文の終わり
```

この例では開始が0，最後が5になっていますが，増える量を2にしています．そのためrange関数は「0から4まで2ずつ増える長さ3のリスト」を返すことになるので，ループ回数は3回となります．

if文は使う場所がはっきりしていますが，while文とfor文はどのように使い分けるのだろうかと思われた方もいらっしゃるかもしれません．本章で見たように，同じ繰り返しの処理はfor文とwhile文のどちらでも書くことができますが，読みやすさなどの観点から次のような使い分けをするのが一般的です．

- 繰り返しの回数が決まっている場合や，繰り返しが特定の変数で制御される場合にはfor文を使う．
- 終了条件式が比較的複雑な場合にはwhile文を使う．

3 2重forループ

for文の処理の中でさらにfor文を使用したいことがよくあります．次の例では1行目のfor文の「繰り返したい処理」に2行目のfor文が指定されているという形になっています．

```
1: for x in range(8):
2:     for y in range(3):
3:         print("x=" + str(x) + ", y=" + str(y))
4:     print("内側のfor文の終わり")
5: print("外側のfor文の終わり")
```

実行すると，次のように表示されます．

第4章 制御構造を知る

```
x=0, y=0
x=0, y=1
x=0, y=2
内側のfor文の終わり
x=1, y=0
x=1, y=1
x=1, y=2
内側のfor文の終わり
......
x=7, y=2
内側のfor文の終わり
外側のfor文の終わり
```

　xとyの値の変わる順序に注目してください．最初に1行目のforが実行され，xの0が代入されます．その後2行目のfor文（内側のfor文）が実行されてyに0が代入され，3行目のprint文が実行されます．この結果，x=0, y=0が表示されます．この後に注意が必要で，2行目のfor文に戻ります．そしてyに1が代入され，再度3行目が実行されます．この結果が，出力のx=0, y=1となります．次は2行目に戻り，yに代入されて3行目が実行されると，x=0, y=2と表示されます．次に2行目に戻ると2行目のfor文のinの後のリストがなくなります．つまり，ここで内側のfor文の実行が終わるのです．その結果，4行目が実行され「内側のfor文の終わり」が表示されます．そうすると1行目に制御が戻り，xに1が代入されて，再度2行目のfor文の実行が行われます．

4 ▶ Turtle Graphicsで学ぶ

　ここでタートルを使ってfor文を見ていきましょう．4.2節では以下のプログラムをwhile文を用いて書き換えてみました．

```
import turtle
t = turtle.Turtle()
t.fd(100)
t.rt(120)
t.fd(100)
t.rt(120)
t.fd(100)
t.rt(120)
```

　これをfor文で書き換えると次のようになります．

4.4 break 文と continue 文

```
import turtle
t = turtle.Turtle()
for n in range(3):
    t.fd(100)
    t.rt(120)
```

実行すると図4・13と同じ結果が表示されます.

最後に, while文とfor文とよく一緒に使用されるbreak文とcontinue文について
まとめておきます.

4.4 break文とcontinue文

while文やfor文の繰り返しを, 途中で処理をやめたい場合や処理をスキップした
い場合があります. そのようなときに用いるのが, break文とcontinue文です.

1 break文

途中でやめたい場合は, break文を使います. 以下を実行してみてください. こ
の場合はnが7になったときに2行目のif文が成り立ち, breakが実行されます.

```
1: for n in range(10):
2:     if n == 7:
3:         break ◄──────────────────────  ここでループを抜ける
4:     print("こんにちは" + str(n) + "さん")
5: print("for文の終了")
```

これは図4・15のような処理の流れになります.

73

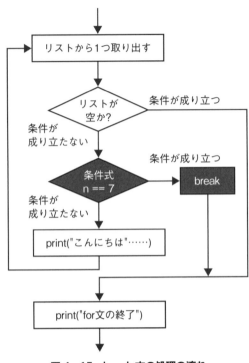

図4・15　break文の処理の流れ

　break文が実行されると，4行目は実行されず「こんにちは7さん」は表示されません．break文を実行すると，for文の処理を中止し，5行目が実行されて「for文の終了」が表示されます．つまり，nが7～9の場合の処理は実行されないのです．

2 continue文

　処理をスキップしたい場合は，continue文を使います．上記の例のbreak文をcontinue文に書き換えてみます．

```
1: for n in range(10):
2:     if n == 7:
3:         continue      ← ここで処理をスキップする
4:     print("こんにちは" + str(n) + "さん")
5: print("for文の終了")
```

　これは図4・16のような処理の流れになります．

4.4 break 文と continue 文

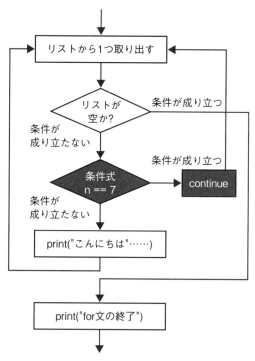

図 4・16　continue 文の処理の流れ

　この場合は,「こんにちは 6 さん」が表示された後で, n が 7 になったときに, 2 行目の if 文が成り立ち, 3 行目の continue 文が実行されます. continue 文が実行されると, n が 7 の場合の残りの処理はスキップされ, n が 8 の場合の処理に移ります. つまり,「こんにちは 7 さん」は表示されずに「こんにちは 8 さん」が表示されます.

75

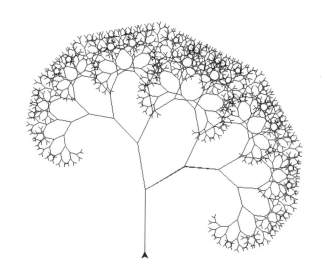

第II部　実践編

第5章　Turtle Graphics を使ってみよう
第6章　関数とモジュール
第7章　クラスとオブジェクトを使う
第8章　ファイル処理

第5章 Turtle Graphicsを使ってみよう

第4章までは，数値や文字列などを扱いながら，Pythonの特徴を学んできました．本章では，Pythonの特徴であるさまざまな機能を拡張するモジュールを使い，Turtle Graphics（タートルグラフィックス）を体験してみます．

Turtle Graphicsは，Wally FeurzigとSeymore Papertが1966年に開発したLogoプログラミング言語の一部でした．ロボットをイメージさせるTurtleをX-Y空間に出現させ，画面上に現れるTurtleに対して，「前進」や「向きを変える」などの命令を組み合わせて，複雑な図形を比較的わかりやすく描くことができます．

Pythonは，さまざまな機能をモジュールとしてまとめ，あらかじめ用意しておくことで，言語の機能を拡張します．また，Pythonには，いくつかのグラフィックスに関するモジュールが用意されています．本章では，その中の1つであるturtleと呼ばれるモジュールを使い，簡単な絵を描く方法を学びます．

この章で学ぶこと

- モジュールを利用する基礎を体験する
- Turtle Graphicsの基本命令を知る
- Turtleオブジェクトを使って図形を描く
- 複数のTurtleオブジェクトを使って図形を描く

5.1 Turtle Graphicsの準備をする

Turtle Graphicsで用意されている関数や変数などを自分が作るプログラムで利用するには，そのための準備が必要です．

モジュールを利用するためには，利用したいモジュールを読み込む（インポート）ことが必要です．まずturtleモジュールをインポートします．次に，インポートしたモジュールの中のTurtleクラスのオブジェクトを生成します．この操作をTurtle Graphicsでは，「キャンバスを作成する」といいます．

例題5-1

Turtle Graphicsを使う準備として，絵を描くためのキャンバスを利用できるようにしてみよう．

● 操作

1 IDLEを起動する.
2 turtleモジュールをインポートする.

```
>>> import turtle
```

3 キャンバスを作成する.

```
>>> t = turtle.Turtle()
```

● 実行結果

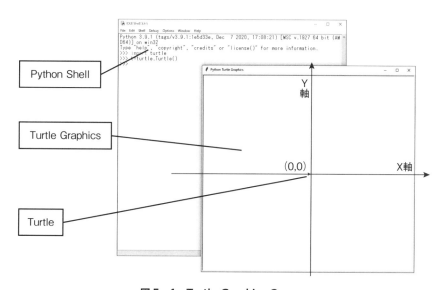

図5・1　Turtle Graphics Canvas

● 解説

　Canvasは絶対座標系で表現され,原点(0, 0)が中心に位置し,横方向がX軸,縦方向がY軸となります.X軸の値は右方向に行くほど増加します.Y軸の値は上方向へ行くほど増加します.Canvasの中央に,横(X方向)を向いた三角形が現れます.これがtというオブジェクト変数に定義されたTurtleの実態(オブジェクト)です.このオブジェクトtが持っている機能(メソッド)を使ってTurtleを動作させ,目的とする絵を描きます.

5.2　Turtleを動かしてみる

　前節で表示させたTurtleを動かすことで,プログラミングを学習します.命令をインタラクティブなわかりやすい環境で実行・確認ができることから,初学者の

プログラミング学習の環境として利用されます．

1 動きの基本命令

Turtleオブジェクトt（オブジェクト変数名）に備わっている命令（メソッド）を使ってTurtleを動かします．動きは，そのオブジェクトを中心に考えます．
例を以下に示します．

- 前へ進むためのメソッド（引数の単位：ピクセル）
    forward(100) または fd(100)
- 後ろへ戻るためのメソッド（引数の単位：ピクセル）
    backward(200) または bk(200) または back(200)
- 右に回るためのメソッド（引数の単位：度）
    right(45) または rt(45)
- 左に回るためのメソッド（引数の単位：度）
    left(45) または lt(45)

その他にもさまざまなメソッドが定義されています（次節で代表的なメソッドを紹介します）．

2 方向の表現

動きを作り出すときの方向の表現には，画面を絶対座標系として考える記述（標準モード）と，動くTurtleを中心として相対座標系として考える記述（logoモード）とが用意されています．

(1) 画面における方向の基準（絶対座標系）

最初にオブジェクトが現れると，X方向（東）を向いています．この角度をto_angleと呼び，0方向と決められています．座標系から見た方向や座標位置を捉える表現ができます（表5・1，図5・2）．

表5・1　モードによる角度の違い

標準モード	logoモード
0 - 東	0 - 北
90 - 北	90 - 東
180 - 西	180 - 南
270 - 南	270 - 西

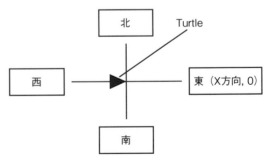

図5・2　絶対座標系

(2) モードを設定する

モードは初期設定では標準モード(standard)となっています.logoモードに変更するには,Screenクラスからオブジェクトを生成して変更します.

```
>>> import turtle
>>> wn = turtle.Screen()
>>> wn.mode("logo")
>>> t = turtle.Turtle()
>>> t.fd(100)
```

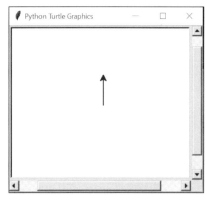

図5・3 logoモードの実行結果

これでTurtleは北の方向へ100ステップ移動し,logoモードになっていることがわかります.

標準モードに戻すには,

```
>>> wn.mode("standard")
```

とします.

(3) 向きの表現(相対座標系)

オブジェクトの方向を変えるとき,絶対座標系から考えるのではなく,オブジェクトを中心に,右へ向く(角度),左へ向く(角度)など,相対的な角度や移動量の表現が使えます.

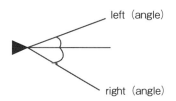

図5・4 相対座標系における角度の表現

図5・4では,Turtleを示す三角形の尖った方向が,現在Turtleが向いている方向です.絶対座標系では0方向を向いています.相対座標系では,現在の向きに対して,右へ何度,左へ何度,と指示します.

第 5 章　Turtle Graphics を使ってみよう

> **例題5-2**
>
> 1匹のTurtleで，一辺が100ピクセルの黒色の三角，一辺が50ピクセルの赤色の四角形を描くプログラムを作成しよう．

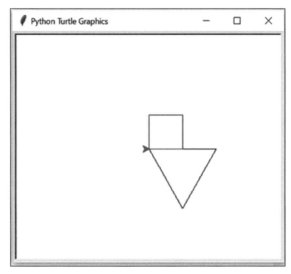

図5・5　例題5-2の実行画面

■プログラム例

```
import turtle
t = turtle.Turtle()
# - - - - - - -三角形- - - - - - -
t.fd(100)      ← ①
t.rt(120)      ← ②
t.fd(100)
t.rt(120)
t.fd(100)
t.rt(120)
# - - - - - - -四角形- - - - - - -
t.color("red") ← ③
t.fd(50)
t.lt(90)
t.fd(50)
t.lt(90)
t.fd(50)
t.lt(90)
t.fd(50)
t.lt(90)
```

5.2 Turtle を動かしてみる

● **解説**

　Turtle Graphicsは，一筆書きのように描きます．三角形や四角形を一筆書きで描くとき，向きを変える角度は図形の外角であることに注意してください．

　三角形を描くときは，一片の長さだけ進みます．そして，外角の大きさ120°だけ，右あるいは左に向きを変えます．この動作を3回繰り返します．

　四角形を描く場合には，外角の角度90°に注意して，4回実行すればよいことがわかります．

　この手順を素直に表現したものが前掲のプログラムです．

　プログラム例の①，t.fd(100)は，Turtleを前に100ピクセルの大きさだけ進ませる命令です．ここで，命令といいましたが，これから学ぶオブジェクト指向言語の言葉を使うと，メソッドと呼ぶほうが適切です．

　では，tは何を意味しているのでしょうか．tはオブジェクトに付けられた名前で，亀と見立ててみましょう．亀の1つであるtは，自分自身を前へ進ませる命令や向きを変える命令など，さまざまな命令を持っています．あたかも，人間である山田さんが「歯を磨く」ことや，「運転」をしたり，「料理」をする仕事を身に付けているイメージです．山田さんが持つ「歯を磨く」仕事をさせたい場合は，

　　　　山田.歯を磨く

と表現します．この表現方法を**ドット表記**といいます．この表記を一般化して，

```
オブジェクト名.メソッド名()
```

と表現します．

　したがって，t.fd(100)は，オブジェクトtのfdメソッドによって，tオブジェクトを100ピクセル前進させるという意味になります．

　次にプログラム例の②，t.rt(120)は，tオブジェクトを右へ120°向きを変えます．③のt.color("red")は，ペンの色を赤に設定します．また，color ("red", "blue")とすると，第1引数がペンの色を赤色にし，第2引数によってTurtleの色を青色にします．

3　色の表現

(1) 色の指定

■ color メソッド

```
t.color( 色名文字列1 [, 色名文字列2 ] )
t.color( ( R1, G1, B1 ) [ , ( R2, G2, B2 ) ] )
```

　colorメソッドの引数に色を指定しました．色を指定する方法は，次のとおりです．

83

色名文字列

"red", "yellow", "blue", "green", "white", "orange", "pink", あるいは
"#33ccdd"など. "#33ccdd"は, 最初の2桁(33)が光の三原色RGBのred(赤色)
の強さを, 次の2桁がgreen(緑色)の強さを, 最後の2桁がblue(青色)の強さ
をそれぞれ16進数で示しています.

光の三原色を指定

(R,G,B)で, 光の三原色の色の強さを指定します. R, G, Bそれぞれの数値の
範囲は0～1.0です. この範囲については, colormodeメソッドでcolormode
(255)とすることにより0～255に変更することができます.

(2) 色を塗る

図形内部を塗ることもできます. 例えば三角形の内部は緑色, 四角形の二辺で
囲まれた部分を赤色で塗るためには, begin_fill()～end_fill()で挟みます.

5.3 よく使われるTurtleクラスのメソッド

よく使われるTurtleクラスのメソッド(命令)を表5・2～表5・7に紹介します.

表5・2 Turtleの動きの制御

goto(x, y) | setpos(x, y) | setposition(x, y)	絶対座標系の(x,y)の位置へ移動する
setx(x)	第1座標をxにする
sety(y)	第2座標をyにする
setheading() | seth()	Turtleの向きをto_angleに設定する
home()	Turtleを原点(0, 0)に戻し, 向きを開始方向に設定する
circle(r)	半径rの円を描く. rが正の場合は円の中心はTurtleの左側の半径位置, 負の場合は右側の半径位置となる
dot(d, *color)	直径dで, *colorで指示された色の丸印を描く
stamp()	Turtleがいる位置にTurtle形のスタンプを押す. stamp_idを返す
clearstamp(stamp_id)	stamp_idのスタンプを消す
clearstamps(n)	nが正の場合は最初のn個, 負の場合は最後のn個, 指定しない場合はすべてのスタンプを消す
undo()	最後のTurtleの動きを取り消す
speed(n)	スピードを0～10までの範囲の整数で設定する

5.3 よく使われる Turtle クラスのメソッド

表 5・3 Turtle の状態

shape(name)	nameには"arrow", "turtle", "circle", "square", "triangle", "classic"が用意されている
position() | pos()	Turtleの位置座標を返す
towards(x, y)	Turtleの位置から指定された (x, y) への直線の角度を返す．モードに依存する
xcor()	Turtleのx座標を返す
ycor()	Turtleのy座標を返す
heading()	Turtleの向きを返す．モードに依存する

表 5・4 Pen の制御，描画状態

pendown() | pd() | down()	ペンを下ろす．線が引かれる
penup() | pu() | up()	ペンを上げる．動いても線は引かれない
isdown()	ペンが下がっていればTrue, 上がっていればFalseを返す
pensize(n) | width(n)	正の数，引数がない場合はpensizeが返る
pen()	ペンの属性を以下のキー／値のペアで設定したり，値を返したりする． ●"pencolor"：色文字列または色タプル ●"fillcolor"：色文字列または色タプル ●"pensize"：正の数 例えば，pen(fillcolor="black", pencolor="red", pensize=10)

表 5・5 色の制御

color()	ペンの色 (pencolor) と塗りつぶしの色 (fillcolor) を設定するかまたは設定値を返す (図5・6参照)
pencolor()	ペンの色を設定する．または設定値を返す
fillcolor()	ペンの塗りつぶしの色を設定する．または設定値を返す

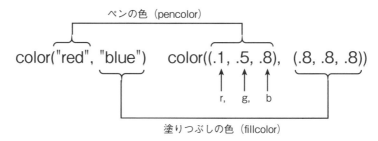

図 5・6 ペンの色と塗りつぶしの色

表 5・6 塗りつぶし

filling()	図形が塗られていればTrue, 塗られていなければFalseを返す
begin_fill()	塗りつぶしたい図形の出発点
end_fill()	塗りつぶしたい図形の最終点

第5章 Turtle Graphicsを使ってみよう

表5・7　さらなる描画の制御（一部）

reset()	Turtleの描いたものをスクリーンから消し，Turtleを中心に戻して，すべての変数をデフォルト値に設定し直す
clear()	Turtleの描いたものをスクリーンから消す

　Turtleオブジェクトのメソッドを使って，どのようなことができるか試してみましょう．例題5-3はcircleメソッドを利用して円を描く例です．円を描き始める位置と円の中心の関係に注意して考えます．

例題5-3

　circleメソッドとdotメソッドを利用して，以下の図形を描いてみよう．中心座標が (0, 50)，半径が50ピクセルの円を描き，座標 (0, 0) と円の中心座標 (0, 50) に直径10の赤色の点をdotメソッドで印を付ける（実行結果は図5・7）．

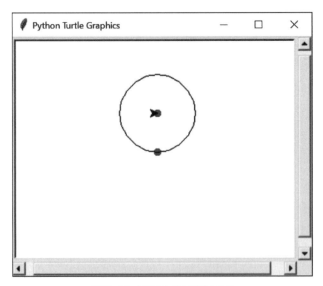

図5・7　例題5-3の実行画面

■プログラム例

```
# turtleモジュールを利用する
import turtle
# キャンバスを作る
t = turtle.Turtle()
# キャンバス上の絵を消す
t.clear()        ①
t.pu()           ②
t.setpos(0, 0)   ③
t.dot(10, "red") ④
```

5.4 よく使われる Screen クラスのメソッド

```
t.pd()          ←      ⑤
t.circle(50)    ←      ⑥
t.pu()          ←      ⑦
t.setpos(0, 50) ←      ⑧
t.dot(10, "red") ←     ⑨
```

● **解説**

　円を描くcircleメソッドを利用します．①はキャンバス上の絵を消します．②でペンを上げて，③原点 (0, 0) へ移動させました．その場で，④直径10ピクセルの大きさの赤い色の印を付けます．⑤ペンを下げて，⑥Turtleの左側に中心を持つ半径50ピクセルの円を描いています（円の中心を右側にしたい場合は，半径の大きさを負に変えます）．⑦ペンを上げて，線を描かないように設定して，⑧絶対座標 (0, 50) の円の中心へ移動させます．⑨円の中心で，直径10ピクセルの円を描いています．

5.4 よく使われるScreenクラスのメソッド

　turtleモジュールの描画するスクリーンに関する設定をScreenクラスが提供します．このScreenクラスからオブジェクトを作成して，スクリーンを制御するメソッドを利用します．そのいくつかを紹介します．

表5・8　Screenクラスの主なメソッド

bgcolor()	Screenの背景色を設定する 例）bgcolor("orange") 　　 bgcolor("#808080")
clear()	スクリーン上のすべての図形やTurtleを削除する
reset()	スクリーン上のすべての図形やTurtleを初期状態に戻す
screensize (canvwidth, canvheight, bg)	●canvwidth：正の整数でピクセル単位の新しいキャンバスの幅 ●canvheight：正の整数でピクセル単位の新しいキャンバスの高さ ●bg：色文字列または色指定で新しい背景色 例）screensize(500, 500, "#999999")
setworldcoordinates (llx, lly, urx, ury)	●llx：数でキャンバスの左下隅のx座標 ●lly：数でキャンバスの左下隅のy座標 ●urx：数でキャンバスの右上隅のx座標 ●ury：数でキャンバスの右上隅のy座標
delay()	描画の遅延（delay）をミリ秒単位で設定するかまたはその値を返す
mode(mode)	Turtleのモード（"standard", "logo", "world"のいずれか）を設定してリセットする．モードが渡されなければ現在のモードが返される

87

第5章　Turtle Graphics を使ってみよう

例題5-4

Shellから以下のメソッドを入力して，どのような動きを生じるか確認してみよう．

■プログラム例

```
>>> import turtle
>>> wn = turtle.Screen()
>>> t = turtle.Turtle()
# ゆっくりと動かす
>>> wn.delay(400)                              ①
# Screenの大きさと背景色を変える
>>> wn.screensize(500, 500, "#aaaaaa")
>>> wn.setworldcoordinates(-500, -500, 500, 500)
# モードをlogoに設定
>>> wn.mode("logo")                            ②
# 亀の形にする
>>> t.shape("turtle")
>>> t.color("blue")
>>> t.fd(100)
>>> t.pu()
>>> t.home()                                   ③
# ペンの色を赤に変える→亀の周りが赤になる
>>> t.pencolor("red")
>>> t.pd()
# 絶対座標を指定して移動させる
>>> t.setpos(100, 100)
>>> t.setheading(0)                            ④
# ペンの色を緑に変える→亀の周りが緑になる
>>> t.pencolor("green")
```

88

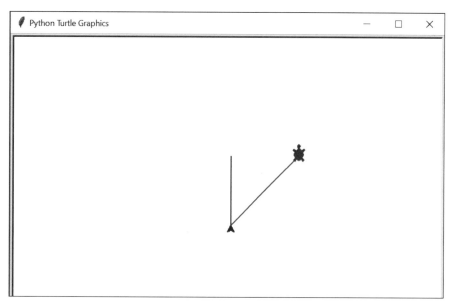

図5・8　メソッドの確認結果

● 解説

ScreenクラスからScreenオブジェクトwnを生成し，TurtleクラスからTurtleオブジェクトtを生成します．この2つのオブジェクトのメソッドを利用して動きを作り出しています．

動作をゆっくりさせるために①各動作を0.4秒遅らせ，スクリーンの大きさと背景色を設定します．スクリーン四隅の絶対座標系を左下(-500, -500)，右上(500, 500)に設定します．②標準モードからlogoモードに変えたら，Turtleの形を亀に設定して，色を青色にします．前へ100前進させ，ペンを上げて，③原点(0, 0)へ移動させます．ペンの色を赤色にして，ペンを下ろし，座標(100, 100)へ移動させます．④Turtleの向きを0方向(北)へ向けて，ペンの色を緑にします．これで，亀の周りが緑色の輪郭線となります．

最終的に図5・8の結果となります．

5.5　複数のTurtleを動かす

Turtleオブジェクトは複数作成することができます．作成された複数のTurtleは，それぞれに名前が付けられ，その名前のメソッドを指定することで各Turtleにメソッドを実行させます．

1　複数のTurtleの作り方とメソッドの伝え方

今まで利用してきたtオブジェクトに加えて，taroオブジェクトとhanakoオブ

ジェクトを作成します．IDLE を使って説明します．

(1) オブジェクトの作成

```
>>> taro = turtle.Turtle()
>>> hanako = turtle.Turtle()
```

(2) 各オブジェクトにメソッドを伝えて，独自の動作をさせる

例えば1つは前へ100ピクセル，もう1つは前へ50ピクセル移動させたいときは，以下のようにします．

```
>>> taro.forward(100)
>>> hanako.forward(50)
```

これにより，taroと命名されたオブジェクトは前へ100ピクセル，hanakoと命名されたオブジェクトは前へ50ピクセル移動します．

> **例題5-5**
>
> 　横幅が200ピクセル，高さが100ピクセルの青色の四角の上に正三角形の屋根を2つ持つ家を作成しよう．家の屋根の色は，緑色と赤色の2色とする．作業は3匹の Turtle に担当させる．青色の四角の壁，緑色の三角屋根，赤い三角屋根を作成する担当者に作業をさせる．

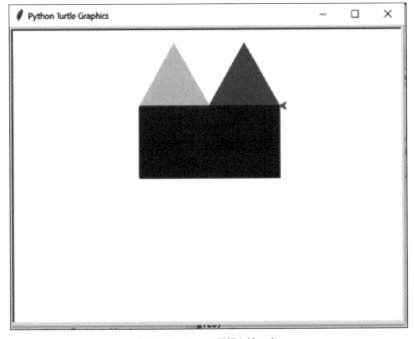

図5・9　2つの屋根を持つ家

5.5 複数の Turtle を動かす

■プログラム例 1

```python
import turtle
t = turtle.Turtle()

t.reset()

t.bk(100)
t.color(0, 0, 1)
t.begin_fill()
t.left(90)
t.fd(100)
t.rt(90)
t.fd(200)
t.rt(90)
t.fd(100)
t.rt(90)
t.fd(200)
t.rt(90)
t.fd(100)
t.end_fill()

t.rt(30)
t.color(0, 1, 0)
t.begin_fill()
t.fd(100)
t.rt(120)
t.fd(100)
t.end_fill()

t.color(1, 0, 0)
t.begin_fill()
t.lt(120)
t.fd(100)
t.rt(120)
t.fd(100)
t.rt(120)
t.end_fill()
```

■プログラム例 2

```python
import turtle
t1 = turtle.Turtle()  ◄————————————————— ①
t2 = turtle.Turtle()  ◄————————————————— ②
```

91

第5章 Turtle Graphics を使ってみよう

```python
t3 = turtle.Turtle()                          ③

# 3つのTurtleを生成
t1.reset()
t2.reset()
t3.reset()

# 位置移動                                      ④
t1.pu()
t1.bk(100)
t1.pd()
t2.pu()
t2.setpos(-100, 50)
t2.pd()
t3.pu()
t3.setpos(0, 50)
t3.pd()

# 作図始め 色                                   ⑤
t1.color(0, 0, 1)
t1.begin_fill()
t2.color(0, 1, 0)
t2.begin_fill()
t3.color(1, 0, 0)
t3.begin_fill()
#- - - - - - - - - - - -                       ⑥
t1.left(90)
t1.fd(50)
t1.rt(90)
t2.lt(60)
t2.fd(100)
t3.lt(60)
t3.fd(100)
#- - - - - - - - - - - -
t1.fd(200)
t1.rt(90)
t2.rt(120)
t2.fd(100)
t3.rt(120)
t3.fd(100)
#- - - - - - - - - - - -
t1.fd(100)
t1.rt(90)
```

92

```
t2.rt(120)
t2.fd(100)
t2.end_fill()
t3.rt(120)
t3.end_fill()
#- - - - - - - - - - - - - - -
t1.fd(200)
t1.rt(90)
t1.fd(100)
t1.end_fill()
```

● 解説

　プログラムの例2つを比較してみます.

　プログラム例1は, 1つのTurtleが一筆書きのように図形を描くプログラムです. プログラム例2は3つのTurtleが作成されて, それぞれ独立したオブジェクトとして動いています.

　プログラム例2の①ではt1と名前を付けられたTurtleを生成しています. 同様に②はt2と名前を付けられたTurtleを, ③はt3と名前を付けられたTurtleを生成しています.

　それ以降のメソッドの順序は, ④が3つのTurtleを書き始める位置に移動するメソッドのグループ, ⑤が色を定義するメソッドのグループ, ⑥がそれぞれのTurtleが書き始める動きを指示するグループです. 以後, 同様にグループごとにまとめています.

　このプログラム例2は, 複数のTurtleを生成して, 独立に動くことを理解するためのプログラム例です. このプログラムの書き方がわかりやすい書き方であるかどうかは別の問題と理解してください. むしろ, この場合はプログラム例1のほうが一般的な解答と思います.

練習問題

1. 色と塗りつぶしのメソッドを使った実行結果 (図5・10) とそのプログラム例を例示する. プログラムを入力して, 確かめてみよう. また, プログラムの一部を変えて, その結果について検討してみよう.

第 5 章　Turtle Graphics を使ってみよう

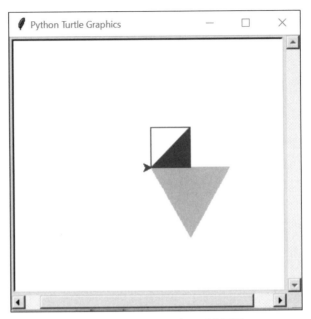

図 5・10　色と塗りつぶしの実行画面

```
import turtle
t = turtle.Turtle()

t.reset()

# - - - - - - - 三角形 - - - - - - -
t.begin_fill()            ◀─────────────── 始点
t.color(0,1,0) ─┐
t.fd(100)       │
t.rt(120)       │
t.fd(100)       │── 始点と終点で囲まれた部分を塗る
t.rt(120)       │
t.fd(100)       │
t.rt(120) ──────┘
t.end_fill()              ◀─────────────── 終点

# - - - - - - - 四角形 - - - - - - -
t.color("red")
t.begin_fill()            ◀─────────────── 始点
t.fd(50)
t.lt(90)
t.fd(50)
t.lt(90)
t.end_fill()              ◀─────────────── 終点
```

```
t.fd(50)
t.lt(90)
t.fd(50)
t.lt(90)
```

2. 円を描くcircleメソッドを使って，2つの勾玉を組み合わせた以下の図を描いてみよう．図形の大きさは，任意とする．

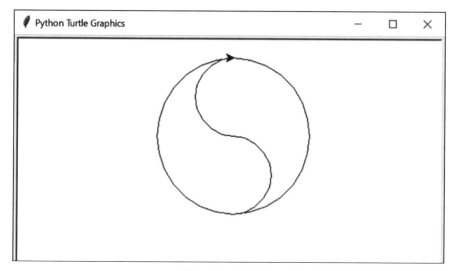

図5・11　2つの勾玉

第6章　関数とモジュール

ここまで何気なく使っていたprint, list, range, forwardなどは, 関数, またはメソッドと呼ばれます.

文字や数値を画面に出力する機能は, よく使われます. そこで, そのような機能をまとめて, printという記号で表現したと考えればよいでしょう.

関数は, Pythonのシステムがあらかじめ提供するものだけでなく, 自分で新しい関数を定義して利用することができます.

この章で学ぶこと

- 自分で関数を作り, 利用する
- 引数を使う関数を作り, 利用する
- 戻り値について

- 戻り値を使う関数を作り, 利用する
- 変数のスコープについて
- 再帰関数について

6.1　関数を定義する

1　初めて関数を定義する

関数はdef文で定義します. defは「define」の略で, 「関数を定義する」という意味です. そして関数は, 関数の名前, 引数, 本体の3つの部分からできています.

■ def 文

```
def 関数の名前( 引数0, 引数1, …… )
```

def文の後に自らが定義する関数の名前を書きます. この名前を関数名といいます. 関数名の後の( )の中に, 引数として使う変数をカンマ (,) で区切って複数書くことができます. 関数の本体は, その関数で行いたい処理を記述します. 関数本体は, インデントされてプログラムのブロックとしてまとめられます (図6・1).

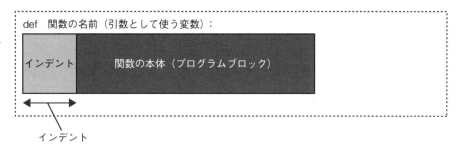

図6・1　関数の定義

2　定義した関数を利用する

　定義した関数を利用するときは，関数を**定義した後**に，関数名を記述します．関数名を記述することで**その関数が呼び出され，中身が実行されます**．

　以下の例題を考えながら，関数の定義とその書式を学んでいきます．

例題6-1

　例題5-2では，Turtle Graphicsの機能を使って，一辺が100ピクセルの正三角形を作るプログラムを作成した．ここでは，その正三角形を作るプログラムをひとまとめにして関数を定義し，再利用できるようにしてみよう．

　まず，関数を使わないプログラムをプログラム例1に示します．

■プログラム例1

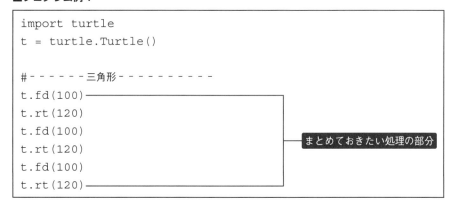

　次に，関数を使って書き直したプログラムをプログラム例2に示します．

■プログラム例2

```
import turtle
t = turtle.Turtle()
```

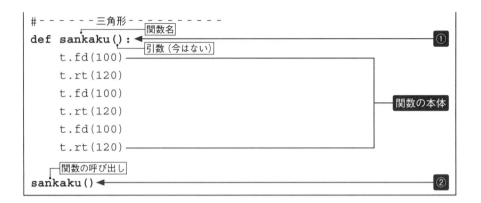

● 解説

プログラム例1の三角形を描く部分の処理を1つにまとめ，名前を付けます．この例では，sankakuという名前（関数の名前）にします．

まず，①で関数を定義する必要があります．def文の後に関数名であるsankakuを記述します．その後に引数を( )で括り，記述します．この例は引数を必要としないので，( )のみが記述されています．

関数本体である正三角形を描く一連のプログラムブロックは，インデントされた位置に記述されています．

②の行はインデントされていないので，関数の外側にあることを示しています．②には，①で定義した関数名が書いてあります．

②の部分にプログラムの処理が移ってくると，ここに書かれた関数名が呼び出され，プログラムの処理が関数へ移ります．これを**関数の呼び出し**といいます．結果，この例の場合は正三角形が描かれます．関数の処理が終了すると，関数を呼び出した命令の次の行へ実行が移ります．②の後にプログラムの行がないので今回の例では，プログラムが終了します．

以上のように，関数の定義，関数の呼び出しと実行が行われます．

6.2 引数を使う関数

関数は，外部から値を受け取り，その値を使って定義された処理を実行することができます．外部から値を渡される特別な変数として指定されるものを**仮引数**，関数を呼び出すときの仮引数に対応する具体的な値を**実引数**といいます．

1 引数を使う

例題6-1の三角形を描く関数を，さまざまな大きさの三角形を描けるように変更してみます．具体的には，関数を呼び出すときに任意の辺の長さを指示して，呼び出すごとに辺の大きさの異なる三角形を描く関数へ変更します．

これにより，関数本体を書き換えることなく，いろいろな大きさの三角形を描く汎用性のある関数となります．引数を使うと，関数の実行に必要な値を渡して，関数内の処理を行わせることができます．

例題6-2

任意の辺の長さの正三角形を描く関数を定義してみよう．実行するときに，実引数として具体的な値，例えば150や200を渡して，大きさの異なる正三角形を描かせてみよう．

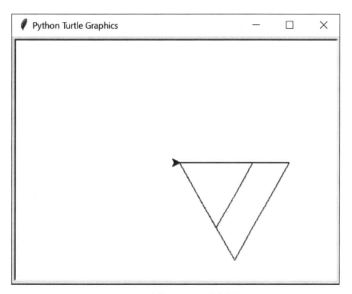

図6・2　例題6-2の実行画面

■プログラム例

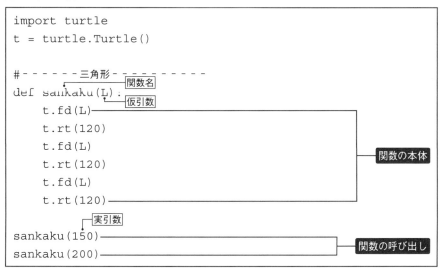

第6章 関数とモジュール

● 解説

定義する関数で，辺の長さを変数Lで表します．一方，関数を実行するときは，この変数L（仮引数）に，実引数を渡します．

プログラム例では，

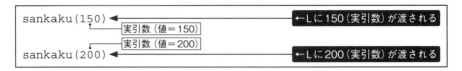

が関数の呼び出しを行っています．

実引数が150と200の場合で，関数の中で定義されたLに150および200が引き渡されて実行されます．これで一辺が150の値の正三角形と200の値の正三角形が描かれます．

2 複数の引数（位置引数）を使う

引数が複数あるとき，引数が書かれる順番に値が渡されます．この方法による引数を**位置引数**と呼びます．

例題6-3

例題6-2を改良して，任意の辺の長さLを持つ正n角形を作成する関数を定義する．実行するときに，一辺が50の正五角形や一辺が40の正八角形を描いてみよう．

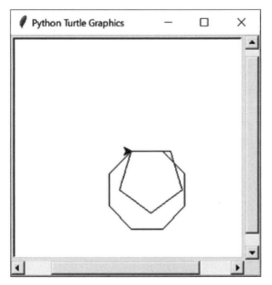

図6・3　例題6-3の実行画面

6.2 引数を使う関数

■プログラム例

```python
import turtle
t = turtle.Turtle()
#- - - - - - -n角形- - - - - - - - - -
def n_kaku(L, n):          順番に受け取る
    for i in range(0, n):
        t.fd(L)
        t.rt(360 / n)

n_kaku(50, 5)              順番に渡す
n_kaku(40, 8)
```

● 解説

引数が複数あるときは，括弧の中に引数をカンマで区切って並べます．呼び出すときは，渡したい実引数を仮引数の順番に対応させて記述します．

```python
def n_kaku(L, n):
    ......

n_kaku(50, 5)          Lに50，nに5が代入される
n_kaku(40, 8)          Lに40，nに8が代入される
```

■引数が複数ある変数を使った関数の定義と実行の例

```python
>>> def onamae(name, moji):
...     print("お名前は{0}さん{1}".format(name, moji))
...
>>> onamae("山田", "ですか？")
お名前は山田さんですか？
>>> onamae("田中", "ですよ")
お名前は田中さんですよ
```

formatメソッドを使うと，文字列に変数の値を埋め込むことができます．変数の値はタプルやリストと同じで0から始まります．

■ format() メソッド

"書式文字列".format(引数0, 引数1, ……)

文字列を埋め込みたいところに"…… {0}…… {1}…… "のように記述します．そして，文字列に続けて，「.format(引数0, 引数1)」のように指定します．

formatメソッドをprint関数で利用する場合は，上記の例のようにすると，指定された書式で出力されます。

3 オプションの引数

(1) 仮引数のデフォルト値
引数は，値を指定せずに呼び出したときに，使用するデフォルト値を指定できます．また，実引数にキーワードを使って値を渡すこともできます．

■ def 文
```
def 関数の名前( 引数0 = デフォルト値0, 引数1 = デフォルト値1, …… )
```

(2) 実引数のキーワード引数
関数を呼び出すときに，キーワード引数に**値を指定**して実行させることができます．そのため，位置変数のように順序を気にする必要はありません．

```
関数名( キーワード引数 = 値, キーワード引数 = 値, …… )
```

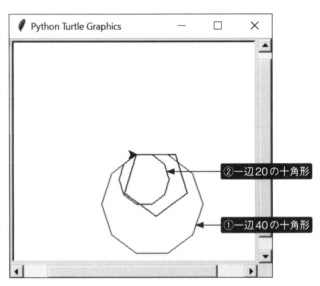

図6・4　キーワード引数を使った実行例

例ではデフォルト値として十角形 (n=10) を指定しています．

```
import turtle
t = turtle.Turtle()

#------正多角形---------
def n_kaku(L, n=10):        ← デフォルト値 (n=10)
    for i in range(0, n):
        t.fd(L)
```

```
            t.rt(360 / n)
n_kaku(50, 5)
t.color("red")
n_kaku(40)      ←①デフォルト値を利用する．L=40, n=10
t.color("blue")
n_kaku(L=20)    ←②キーワード引数とデフォルト値を利用する．L=20, n=10
```

(3) アスタリスク(*)の付いた引数(可変引数)

例えばタプルやリストの値を引数とする場合は，1つずつに分けて渡す必要がありました．これでは大変ですので，引数として渡す値の**数に制限を付けないで**渡すことができます．引数名にアスタリスク(*)を付けると，キーワード指定しな**い実引数をいくつでも受け付ける**ことができるようになります．アスタリスクが1つ付いた変数に実引数が**タプル**として代入されます．

■プログラム例

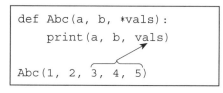

■実行結果

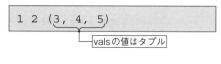

呼び出し側の5つの値は，最初の2つはそれぞれa, bへ代入されます．残りの3, 4, 5はアスタリスクが1つ付いたvalsへ，タプルとして渡されていることがわかります．

(4) アスタリスクが2つ(**)付いた仮引数

キーワード指定された未定義の引数を受け取ることができます．未定義の引数は，辞書(ディクショナリ)として代入されます．

■プログラム例

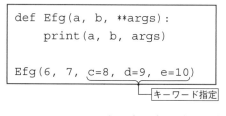

■実行結果

d=9, e=10, c=8というように渡した未定義の引数は，argsという変数に辞書として代入されていることがわかります．

「*vals」や「**args」のような引数は，引数リストの最後に置くようにします．また，2種類の引数を一緒に定義することもできます．

第6章　関数とモジュール

6.3　戻り値とは

　関数は，本体部分で実行した結果を，関数の呼び出し側に戻すことができます．具体的には関数名に値が戻ります．

　例えば，半径（r）を与えて円の面積を求める関数area(r)は，面積（$\pi \times r^2$）の計算結果を関数**area**の値として返します．

```
def area(r): ◄
    result = math.pi * r ** 2 ┐值が返る
    return result ────────────┘
```

1　数値データを戻り値として返す関数

　関数は，処理した結果を呼び出し側へ渡したい場合は「戻り値」として返します．戻り値は，数値や文字列や変数を指定できます．「return result」と書くと，「変数resultに代入されている値」が返されます．

　「return 戻り値」が省略されると，戻り値を返さない処理だけを行う関数となります．

例題6-4

　メインプログラムで円の半径rを入力し，関数mensekiに渡して，円の面積を計算し，計算結果をメインプログラムに返して，表示するプログラムを作成しよう．

■実行結果

```
円の半径は＝10
314.1592653589793
```

■プログラム例

```python
import math

def menseki(r):
    s = math.pi * r ** 2
    return s

hankei = float(input("円の半径は＝"))
a = menseki(hankei)
print(a)
```

104

● 解説

メインプログラムと関数の関係を流れ図で示します（図6・5）.

メインプログラムから，関数であるmensekiを呼び出します．面積の計算に必要な半径rの実引数（hankei）を渡します．面積を計算した結果がsに代入されます．

そして，関数の内部のreturn sによって，sの値が関数名mensekiの値となって返ってきます．

メインプログラムでは，関数名に返ってきた値がaに代入されます．

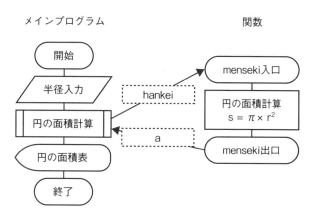

図6・5　数値を返す関数の流れ図

2　文字列データを返す関数

文字列の足し算を処理して，文字列の結果を返す関数を作成してみます．

例題6-5

メインプログラムで文字を入力し，関数setstringに渡す．関数の中にある文字（Mt.Fuji）と空白と入力された文字を足し算して，その結果をメインプログラムに戻し，表示してみよう．

■実行結果

```
文字列を入力>山田孝雄
Mt.Fuji 山田孝雄
```

■プログラム例

```
def setstring(ss):
    s = "Mt.Fuji" + " " + ss      ①
    return s
mm = input("文字列を入力>")
```

```
moji = setstring(mm)          ②
print(moji)
```

● 解説

メインプログラムと関数の関係をの流れ図に示します（図6・6）．

メインプログラムは，キーボードからデータ入力を促します．キーボードから入力された文字データは，変数mmに代入され，②によって関数setstring(ss)の実引数として渡されます．

呼び出された関数は，①によって，文字列"Mt.Fuji"と空白，そして関数に渡された実引数が結合されて，変数sに代入され，return sによって，sの値が関数setstring()の値となって返ってきます．

メインプログラムでは，関数に返ってきた値が表示されます．

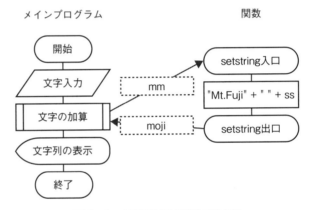

図6・6 文字列を返す関数の流れ図

3 複数の値を返す関数（数値や文字）

多くの言語は，関数の戻り値は1つです．Pythonは複数の戻り値を返すことができます．

しかし，戻ってくる値は**タプル**オブジェクトとなります．

例題6-6

関数の引数として，2変数 (a, b) と文字列 (st) を持つ．関数は，この2変数の和，2変数の差，それに文字列を2回繰り返す文字列を生成する．関数の値として，これら3つの値を返す関数を作成してみよう．

6.3 戻り値とは

■実行結果

```
1つ目の数値は？10
2つ目の数値は？2
3つ目は文字列を入力してください. AA
(12, 8, 'AAAA')                                              ③の実行結果
12
8
AAAA
```

■プログラム例

```python
def wasa_calculate(a, b, st):
    wa = a + b
    sa = a - b
    st = st + st
    return (wa, sa, st)                                      ①

aa1 = int(input("1つ目の数値は？"))
bb2 = int(input("2つ目の数値は？"))
st3 = str(input("3つ目は文字列を入力してください. "))

wwa, ssa, sst = wasa_calculate(aa1, bb2, st3)                ②

print(wasa_calculate(aa1, bb2, st3))                         ③
print(wwa)
print(ssa)
print(sst)
```

● 解説

　多くの言語では，関数の戻り値は1つです．Pythonは複数の戻り値を返すように振る舞わせることができます．関数の戻り値は，タプルオブジェクトと1つとなります．基本的に返り値はタプルが1つ返ってくることになりますが，処理の工夫によって複数の値が返ってくるような扱いも可能です．

　上のプログラム例では，③の実行結果を見ると(12, 8, 'AAAA')となり，タプルとなって，関数の値として返ります．また，②のように**タプルオブジェクトの要素を1つずつ変数に代入することもできます**．このように，複数の戻り値を返すように処理できます．

107

第6章 関数とモジュール

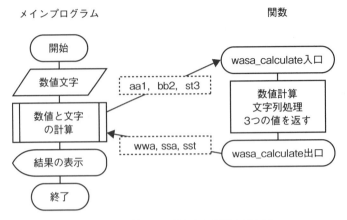

図6・7 複数の戻り値を扱う関数の流れ図

4 リストの実引数を渡して，数値を返す関数

リストの実引数を渡して，計算した結果を返す関数を作成してみましょう．

例題6-7

リストの要素の数を決める整数nを入力して，1からnまでの数値をキーボードから入力する．その合計を返す関数を作成し，メインプログラムで計算結果を出力してみよう．

■実行結果

```
データ数を入力してください5
1番目の数値は？1
2番目の数値は？2
3番目の数値は？3
4番目の数値は？4
5番目の数値は？5
[1, 2, 3, 4, 5]
1
2
3
4
5
数値の合計は 15 です
```

■プログラム例

```
def total(List):
    Sum = 0
```

6.3 戻り値とは

```
    for i in List: ◀                                    ⑤
        # イテレータを使って，Listの要素を1つずつ取り出してiに入れる
        print(i)
        Sum = Sum + i
    return Sum

n = int(input("データ数を入力してください")) ◀           ②
# 初期化
# [0, 0, 0, 0, 0, 0, 0, 0, 0, 0]を作りたい．
c = [0 for x in range(n)]◀                               ①
#++++++++++++++++++++++++++++++++++++++++++++++++
# 入力
for i in range(n):
    c[i] = int(input("{0}番目の数値は？".format(i + 1)))◀  ③
print(c)

Wa = total(c)◀                                           ④
print("数値の合計は {0} です".format(Wa))
```

● **解説**

リストを引数として渡すことができます．

まず，メインプログラムでリストを作成します．リストの初期化を実行しています．①リストの要素をすべて0としています．②と③によって，リストの要素をキーボードから入力しています．④作成したリストを関数へ渡しています．

関数の中の⑤によって，変数iにリストの中身が1つずつ取り出されていきます．

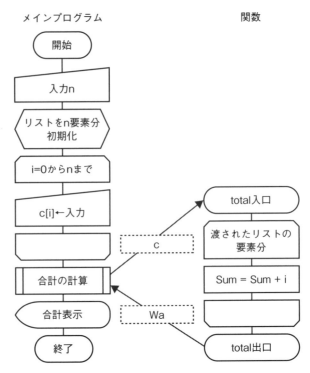

図 6・8　リストの実引数を渡して，数値を返す関数の流れ図

5　補足

リストを作成するとき，初期化をする必要があります．初期化するいくつかの方法を以下に紹介しておきます．

● リストの初期化

```
# 初期化のいろいろ ------------------
# [0, 0, 0, 0, 0, 0, 0, 0, 0, 0]を作りたい．
#-------------- 方法1 --------------
a = []   # 空リスト        ← forループとappendメソッドを使った初期化
for x in range(10):
    a.append(0)
#-------------- 方法2 --------------
b = [0] * 10               ← リストの要素0を10繰り返す演算子
#-------------- 方法3 --------------
c = [0 for x in range(10)] ← リスト内包表記による
#++++++++++++++++++++++++++++++++++++
print(a)
print(b)
print(c)
```

■初期化の結果を表示

```
[0, 0, 0, 0, 0, 0, 0, 0, 0, 0]
[0, 0, 0, 0, 0, 0, 0, 0, 0, 0]
[0, 0, 0, 0, 0, 0, 0, 0, 0, 0]
```

● リスト内包表記の構成

```
操作 for 要素の変数 in シーケンス可能なオブジェクト
```

例えばx ** 2 for x in range(3)を実行すると次のようになります．

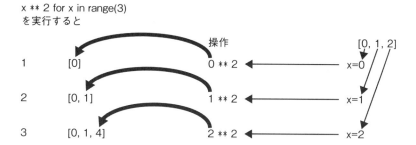

6.4 変数のスコープ

　定義された変数やオブジェクトは，プログラムのどこからでも利用できるわけではありません．プログラム上でオブジェクトや変数が有効となる範囲が存在します．この範囲を**スコープ**と呼びます．スコープはルールによって決められます．

1 ローカル変数（局所変数）とグローバル変数（大域変数）

（1）ローカル変数（局所変数）
　関数の内部で定義された変数は**局所変数**と呼ばれます．関数の実行が完了して呼び出し側に戻ると，値の割り当てが解除され，関数外部からその値を参照することはできません．

（2）グローバル変数（大域変数）
　関数の外部（プログラムのメイン部分）で定義された変数は**大域変数**と呼ばれます．関数内を含めたプログラム全体から参照できます．

　次のプログラムで，確認してみましょう．

■スコープの例

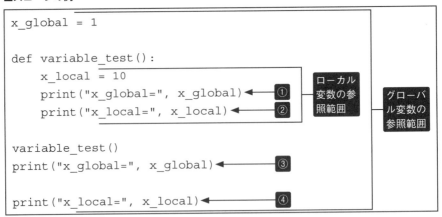

■実行結果

```
x_global = 1       ←①の実行結果（関数内部からグローバル変数を参照できる）
x_local = 10       ←②の実行結果（関数内部からローカル変数を参照している）
x_global = 1       ←③の実行結果（関数外部でグローバル変数を参照している）
Traceback (most recent call last):
  File "C:/data/func_Scope.py", line 13, in <module>
    print("x_local=", x_local)
NameError: name 'x_local' is not defined  ←
                               ④エラー（関数外からローカル変数は参照できない）
```

● 解説

プログラム例で，四角で囲った範囲はスコープを示しています．関数の外で定義されたx_globalはグローバル変数です．利用できる範囲は，プログラム全体であることを示しています．

一方，x_local変数は関数の中で定義されたローカル変数です．参照できる範囲は関数内部であることを示しています．

プログラムが実行されると，①，②，③が実行されます．しかし，④はメインプログラムの位置からローカル変数を利用（参照）しようとしますが，参照できないためにエラーを生じています．

2 グローバル変数の挙動

グローバル変数は，関数の中で値を変更しようとするとエラーを引き起こします．以下のプログラムを実行して，エラーメッセージに注目してください．

```
x_global = 1 ←                              グローバル変数を定義
def variable_test():
```

6.5 関数に値を渡す方法

```
    x_global = x_global + 1 ◀─────────────────────────① 
    print("x_global=", x_global)
variable_test()
print("x_global=", x_global)
```

■実行結果

```
    x_global = x_global + 1
UnboundLocalError: local variable 'x_global' referenced
before assignment ◀──────────────────①のエラーメッセージ
```

　関数の中でグローバル変数の値を変えようとすると,「そのようなローカル変数は定義されていない」旨のエラーメッセージが表示されます. 関数内部でグローバル変数と同じ名前 (x_global) を付けて, グローバル変数として値を変更することはできません. 関数内部のx_globalは, 別の内部変数として管理されることがわかります.

6.5 関数に値を渡す方法

　関数の引数に値を渡す方法には, 値渡しと参照渡しの2つの方法があります.

● **値渡し**
　引数として, **数値**や**論理値**の変数を指定した場合, 引数として関数内部に渡されるのは実引数の**値**です. これを**値渡し** (call by value) と呼びます.

● **参照渡し**
　リストや辞書などその他のオブジェクト変数を引数として渡す場合は, 関数内部でその値が変更されると, 呼び出し側の値も同じく変更されます. 元の変数も関数内部で渡された仮引数も**同じ実体 (オブジェクト) を指しています**. こうした動作が生じる理由は, 元の変数が指し示すオブジェクトの参照が渡されると考えればよいので, **参照渡し** (call by reference) と呼びます.

1 変数と参照

　次のプログラムは, リストと数値変数を他の変数に代入したときの値の変化の違いについて確認するプログラムです. 変数の参照という意味を理解しましょう.

```
# リスト変数の値の代入
Li = [1, 2, 3]        # Liリストへ値代入
LLi = Li              # LLiリストにLiリストを代入
print(Li) ◀───────────────────────────────────────────①
```

113

第6章 関数とモジュール

```
LLi.append("dog")    # LLiリストに"dog"要素を加え，変化をさせる
print(Li)                                                      ②
print(LLi)                                                     ③

# 数値変数の値も代入
hensuu = 1.22        # 実数値を代入
hensuu2 =hensuu      # 新しい変数に代入
hensuu2 =10.456      # 新しい変数に新しい値を代入
print(hensuu2)                                                 ④
print(hensuu)                                                  ⑤
```

■実行結果

```
[1, 2, 3]              ①の結果．Liリストの要素
[1, 2, 3, "dog"]       ②の結果．Liリストの要素が変化している(LLiリストの要素を変更した)
[1, 2, 3, "dog"]       ③の結果．LLiリストの確認
10.456                 ④の結果．新しい変数を出力
1.22                   ⑤の結果．元の変数の値は変化しない
```

● **解説**

　変数に代入するとは，オブジェクトを変数名で参照できるようにすることをいいます．

　例えば，

```
Li = [1, 2, 3]
```

は1, 2, 3の3つの要素を持つリストオブジェクトを作成し，Liという変数名で参照するように設定します．

　変数を別の変数に代入すると，

```
LLi = Li
```

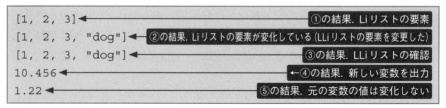

同じオブジェクトを参照します．

　そこでリストLiに要素"dog"を加えると，

```
Li.append("dog")
```

LLiの中身も"dog"が加わることになります．

　これは，LLiとLiが同じオブジェクトを参照しているからです．

このことから，

```
hensuu2 = hensuu = 1.22
```

では，同様に1つの数値を参照します．ここで，hensuu2 = 10.456の値を変更すると，hensuu2には新たなオブジェクトが作られます．

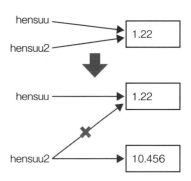

6.6 再帰呼び出しする関数

関数の定義内で，自分自身の関数を呼び出すことを**再帰呼び出し**(recursive call)といい，再帰呼び出しを行う関数を**再帰関数**(recursive function)と呼びます．さらに，自分自身を呼び出す位置が，**関数の一番最後**である場合を**末尾再帰呼び出し**(テールリカージョン)と呼びます．

例題6-8

図6・10のような螺旋(らせん)図形を描いてみよう．螺旋図形は，次の動作の③から④を繰り返すことで描かれると考える．

① 初めに2ピクセルの直線を描く．
② 右に90度曲がる．
③ 直線の長さを5ピクセル増加させ，直線を引き，右に90度曲がる．
④ この動作を，止める条件（例えば，長さが80ピクセルを超えたら）を満たすまで繰り返す．

1ステップの動作（前へ）

（右へ90度）

図6・9 ③の動作（前へ）

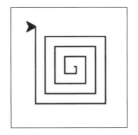

図6・10 螺旋

■プログラム例

```
import turtle

t = turtle.Turtle()
```

第6章 関数とモジュール

```
def rasenn(length):
    if length > 80:
        return           ← ①関数を終了
    else:
        t.fd(length)
        t.rt(90)
        rasenn(length + 5)   ← ②自分自身を呼び出す（テールリカージョン）

rasenn(2)
```

● 解説

例題の下線を引いたところは，長さは異なるけれども同じ動作（相似な動作）を繰り返していることがわかります．この**相似的な動作**は，相似な動作が終了した最後に再び呼び出されていることで実現されている点に注意しましょう．

再帰関数を使うと，再帰的な考えを素直にプログラムで表現できます．

例題6-9

図6・11のような木の枝を描いてみよう．1つの枝の先がそれぞれ30度ずつ左右に分かれて，枝が出ている．1つの枝を描いた後に，相似の図形を2つ描く．枝の長さが8未満になったら，終了する．

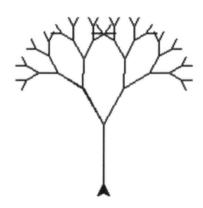

図6・11　木の枝

■プログラム例

```
import turtle
t = turtle.Turtle()
t.seth(90)

def tree(length, angle):
```

```
    if length < 8:
        return
    else:
        t.fd(length)     ──┐
        t.lt(angle)      ──┤ ①下線部分がステップ1
        tree(length * 0.7, angle * 1.0)   ◄── ②
        t.rt(2 * angle)
        tree(length * 0.7, angle * 1.0)   ◄── ②
        t.lt(angle)
        t.bk(length)
tree(50, 30)
```

● 解説

木の枝は，図6・12の楕円で囲った部分が動作の1つのまとまり（ステップ）となっています．

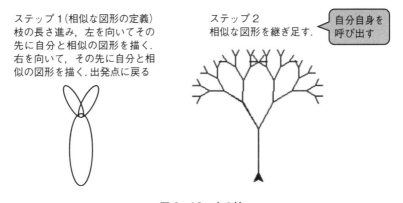

図6・12 木の枝

このプログラム例の動きを説明します（図6・13）．

関数treeが呼び出されます．

ステップ1では，①が実行されると，自分自身のプログラム（ステップ2）を呼び出します．そのとき，残った処理②は，スタックに積み残されます．

ステップ2では，同様に①'が実行されると，自分自身のプログラム（ステップ3）を呼び出します．そのとき，残った処理②'は，スタックに積み残されます．

同様に，ステップ3では，は同様に①''が実行されると，自分自身のプログラム（ステップ3）を呼び出します．そのとき，残った処理②''は，スタックに積み残されます．

そして，枝の長さが8未満になると，return文によって，関数が呼び出し側に戻ります．すると，スタックに残っている仕事を取り出して，順番に実行します．

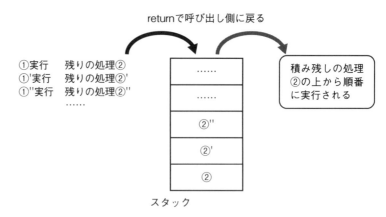

図6・13 動作のイメージ

このように再帰関数は，再帰的なアルゴリズムを素直に表現できる有効な方法です．

例題6-10

ユークリッドの互除法により最大公約数を求めるプログラムを作成してみよう．

■実行結果

```
7
```

■プログラム例

```
def gcd(a,b):
    if (a % b) == 0:
        print(b)
    else:
        gcd(b, (a % b))

gcd(147, 91)
```

● 解説

互除法のアルゴリズム：
　aとbの剰余rが0だったら，最大公約数はbである．そうでなかったら，bと剰余rとの最大公約数を再帰的に求める．

6.7　モジュールを利用する

処理系の外部にある機能はライブラリー（library），処理系とともに配布されるライブラリーは標準ライブラリー（standard library）と呼ばれます．

Pythonのライブラリーは，モジュール（module）と呼ばれるものから構成されています．処理系の中にモジュールを取り込むことを，モジュールをインポートする（import）といいます．モジュールをインポートしたいときは，次の2種類の文のうちのどちらかを書きます．

1 モジュールを読み込む方法

(1) import
　モジュールには名前が付いていて，利用したい内容や目的によって分類されています．importの後に，利用したいモジュール名を書きます．

■ import 文
```
import モジュール名
```

　例えば，mathモジュールをインポートすれば，三角関数や対数のような演算を行うことができました．これらの関数は，mathと名付けられたモジュールにまとめて定義されていたために利用することができたのです．

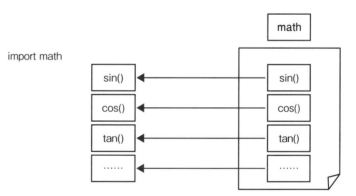

図6・14　importによるモジュールの読み込み

(2) from
　fromを使うと，モジュールの必要な部分だけをインポートすることができます．

■ from 文
```
from モジュール名 import オブジェクト名, オブジェクト名, ……
```

　例えばsinとtan関数のみを使いたい場合は，

```
from math import sin, tan
```

とします．

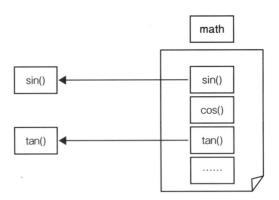

図6・15　fromによるモジュールの読み込み

また，アスタリスク（*）を使うと，モジュール内のすべての関数やクラスを利用できます．

■例
```
from turtle import *
```

(3) asを使ったモジュールの読み込み

モジュールから読み込んだ関数やクラスに自分だけの名前を付けて利用できます．

■import文
```
import モジュール名 as 呼びたいオブジェクト名
```

■from文
```
from モジュール名 import 関数名 as 呼びたいオブジェクト名, ……
```

■例
```
from math import pi as π    # piをπとして参照
```

以降，piを参照するときに「π」と記述できます．
同様に，importでも記述ができます．

■例
```
import math as suugaku
```

以降，math.piを，suugaku.piと記述することができます．

2 使い分けの注意

オブジェクトを使うとき，①importのみの場合と，②fromを使う場合とでは異なります．

例えばturtleモジュールには，Turtleオブジェクト（亀が動くキャンバス）を作成するためのTurtleクラスがあります．

```
① import turtle
   t = turtle.Turtle()    # turtleモジュールのTurtleクラスを使う
                └─ ドット表記が必要
② from turtle import Turtle
   t = Turtle()    # 注意：turtleモジュールを書く必要はない
        └─ ドット表記は必要ない
   t.forward(100)
```

Turtleオブジェクトを単独でインポートして，直接使っています．

練習問題

1. タートルグラフィックスを利用して，以下の図を描いてみよう．
   中心座標(x0, y0)と半径rが与えられた円に，内接する正n多角形を描く関数takakukeiを定義する．定義した関数を呼び出して，正三角形，正五角形，正百角形を描いてみよう．プログラム例の空欄を埋めて完成させよう．

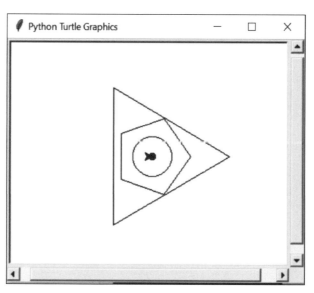

図6・16　練習問題1の実行画面

第6章 関数とモジュール

■プログラム例

```
import math
import turtle
t = turtle.Turtle()

def takakukei(x0, y0, r, n):
    t.setpos(x0, y0)
    t.dot(10)
    t.pu()
    t.fd(r)
    t.pd()
    t.lt(           )          ←①
    for i in range(0, n):
        t.fd(2 * r * math.cos(           ))   ←②
        t.lt(          )       ←③
    t.pu()
    t.setpos(0, 0)
    t.seth(0)

takakukei(0, 0, 100, 3)
takakukei(0, 0, 50, 5)
takakukei(0, 0, 25, 100)
```

● 解説

　いろいろな考え方がありますが，以下の流れの場合を考えます．まず，中心座標へ移動します．そこから向きを0のまま半径rの位置へ移動します．

① 多角形（n）の外角の大きさを考えて，辺を描き始める向きを決めます．
② 半径rと正n角形から一辺の長さを算出して移動距離を求めます．
③ 外角の大きさだけ向きを変えます．

2. 練習問題1を改良して，内接する円の大きさを自動的に変化させ，相似形の正n角形を任意の数だけ描いてみよう．正n角形を定義した関数を必要な回数だけ呼び出す（繰り返し構造）を利用する．

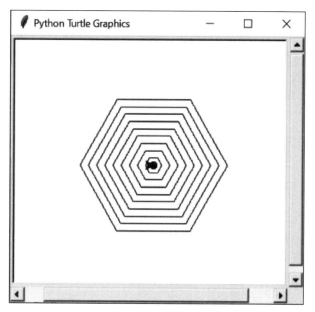

図6・17 練習問題2の実行結果

3. 次のプログラムは，番号 (no) と氏名 (name) を入力してから，それらを表示するプログラムである．問いに答えてみよう．

■実行結果

```
番号は？1
番号：1
氏名は？山田太郎
山田太郎
```

■プログラム例

```
no = int(input("番号は？"))
print("番号:", no)
name = input("氏名は？")
print(name)
```

このプログラムは，番号を入力してその入力された値を表示する部分と，氏名を入力してその値を表示する部分の2つに分けられる．そこでこれら2つの機能をそれぞれまとめて，前者の関数名をbango，後者の関数名をsimeiとして，プログラムを書き直した．空欄を埋めてみよう．

■プログラム例

```
☐ bango ☐ :
    no = int(input("番号は？"))
    print("番号:", no)
☐ simei ☐ :
    name = input("氏名は？")
    print(name)
bango ☐
simei ☐
```

4. 課税前の金額が与えられたとき，消費税を加えて税込み価格を計算する関数zeikomiを作り，キーボードから課税前の金額を入力して税込み価格を表示するプログラムを作成しよう．ただし，消費税率を8%とする．

■実行結果

```
課税前金額は？269
課税前金額      269
税込み金額      291      ←小数点以下四捨五入
税込み金額      290.520  ←小数点第3位まで表示
```

5. 球の半径rを引数として与えて，表面積と体積の2つの計算結果を返す関数（fv）を定義して，結果の表示は呼び出すメインプログラムで表示させるプログラムを作成しよう．

■実行結果

```
半径の大きさは？10
面積は    1256.637
体積は    4188.790
```

6. ベクトルa=(a0, a1, a2)の長さを計算する関数を作成しよう．次にa=(1.0, 2.0, 3.0)の例を示す．プログラム例の空欄を埋めてみよう．

■実行結果

```
[1,0, 2.0, 3.0]
長さは            3.74
```

■プログラム例1

```
import math
def nagasa(List):
    nijyouwa = □
    print(List)
    for x in List:    # イテレータを使う
        nijyouwa += □
    return math.sqrt(□)
a = [1.0, 2.0, 3.0]
l = nagasa(a)
print("長さは{0:10.2f}".format(l))
```

練習問題

■プログラム例2

```
import math
def nagasa(List):
    nijyouwa = □
    print(List)
    for i in range(3):
        nijyouwa += [            ]
    return math.sqrt([        ])
a = [1.0, 2.0, 3.0]
l = nagasa(a)
print("長さは{0:10.2f}".format(l))
```

7. ベクトル$\mathbf{a}=(a0, a1, a2)$, $\mathbf{b}=(b0, b1, b2)$の内積$\mathbf{a}\cdot\mathbf{b}$を計算する関数を作ってみよう. 計算式は$\mathbf{a}\cdot\mathbf{b} = a0 \times b0 + a1 \times b1 + a2 \times b2$である.

8. n個の実数データX_iを入力して, 合計, 件数n, 平均値X_{ave}, 標準偏差sdを計算し, 表示しよう. ただし, ave, sdの名前で関数を作る. また, 終了データは0とする. 計算式は次のとおりである.

$$平均値：X_{ave} = \frac{1}{n} \sum_{n=1}^{n} X_i \qquad 標準偏差：sd = \sqrt{\frac{1}{n} \sum_{n=1}^{n} (X_i - X_{ave})^2}$$

9. 以下の出力結果になるように, aとbの最大公約数を(a, b)で表し, 途中経過を表示するプログラムを作成してみよう.

■出力結果

```
(147,91)
(91,56)
(56,35)
(35,21)
(21,14)
(14,7)
7
```

10. フィボナッチ数列の各項を表示するプログラムを作ってみよう. キーボードから求めたい項を入力して, それまでの各項を出力する.

フィボナッチ数列とは,

125

第6章 関数とモジュール

$$F_1 = 0, \ F_2 = 1, \qquad F_n = F_{n-2} + F_{n-1} \quad (n>=3)$$

で定義される数列である．実際には，次のような数列となる．

0, 1, 1, 2, 3, 5, 8, 13, 21, 34, 55, 89, 144, 233, 377, 610, 987, ……

■実行結果の例

求めたいフィボナッチ数列の項＝6
5

11. 整数nを引数で与え，$n!$ (nの階乗) を計算する関数kaijyoを作ってみよう．メイン関数でnを入力し，関数で階乗を計算し，メインプログラムに返して出力する．再帰を使った関数とする．

12. キーボードから，2つの整数nとrを入力したとき，整数n個の中からr個を取り出す組み合わせの数を計算するプログラムを作成してみよう．ただし，整数n個の中からr個を取り出す組み合わせの数$_nC_r$は次の式で与えられる．

$$_nC_r = \frac{n!}{r! \times (n-r)!}$$

126

第7章 クラスとオブジェクトを使う

第3章で数値や文字列，リストや辞書などのデータを扱いました．これらのデータの型はすべて組み込みオブジェクトと呼ばれるものです．組み込みオブジェクトは，データとそのデータを処理するメソッドから成り立っています．この章では，すでに学んだリストや辞書などが持つ機能をオブジェクトの視点から見直して理解します．また，第5章のTurtle Graphicsもオブジェクトやクラスの考え方でまとめられた外部モジュールの1つです．Turtle Graphicsで利用したさまざまなメソッドをオブジェクトの視点から再度見直すことで，オブジェクトやクラスについての理解を深めます．

この章で学ぶこと

- オブジェクト指向の考えの概要について
- クラスとオブジェクトの関係
- クラスの定義
- 継承について

● クラスやオブジェクトは，なぜ必要なの？

オブジェクト指向という考え方は，どのような課題を解決する目的で考え出されたのでしょうか．歴史的には，いくつかの流れがあるようです．その中の1つ，Alan Kay博士が考え出したプログラム言語SmallTalkが生まれた背景を考えると，その狙いがわかると思います．Alan Kay博士は，コンピュータを現実の世界あるいは心をシミュレートする道具と考えました．そのためには，**複雑な現実の世界**をどのように捉えたらコンピュータで表現できるかを考える必要がありました．博士は，**表現したい世界**を「多くの実態（オブジェクト）が互いに簡単なメッセージのやり取りを行い，オブジェクトはその簡単なメッセージを受け取ることをきっかけに，自律的に行動を起こす」と考えました．そして，そのような世界を表現する仕組みを整理しました．大雑把な言い方ですが，例えば，(1) 簡単なメッセージを受け取ったオブジェクトが**自律的**に動作をする機能，(2) 多くのオブジェクトを**効率よく生産・管理**する機能などが必要と考えたのです．これらの機能を実現するためのアイデアと工夫が施され，プログラムを作る1つの考え方となったと考えられます．

例えば，図7・1はモデル化しようとしている世界を示しています．レストランで，客とウェイター，そして厨房で料理を作る調理人がいます．

レストランに入った客は，注文の品をウェイターへ伝えます．注文される品は，「カレーライス」「オムライス」などのメッセージとして送られます．ウェイターの仕事は，それらのメッセージを厨房に伝え，料理を作るよう依頼することです．

ウェイターはその他にも水を出したり，テーブルまで案内したりと，さまざまな仕事が割り当てられています．料理人は，ウェイターからの簡単なメッセージを受けて，注文の料理を作ります．そのとき，料理に必要な素材や調味料の使い方などの料理法を心得ていて，自律的に仕事を進めます．また，外では2匹の犬（パポとポチ）が待っています．「パポ」と呼ばれたミニチュアダックスは，ご主人様のところへ行くでしょう．また外には木が植えてあります．

　このように，表現しようとする世界をオブジェクト（客，ウェイター，調理人A，調理人B，パポなど）の集合体と考え，それぞれのオブジェクトが互いにメッセージをやり取りし，各オブジェクトが自律的に動作することで，全体の複雑な状況が進行していくと捉える考え方です．

　そのとき，多くのオブジェクトを効率よく生産・管理する機能が考え出されます．例えば，客や料理人，ウェイターらは共通の属性（名前，性，身長，体重など）や動作（座る，歩行するなど）を共有する仲間（クラス）としてまとめることができます．客や料理人はクラスの具体的な姿（オブジェクト）です．犬のパポもポチも犬という仲間（クラス）のある具体的な姿（オブジェクト）です．

　このような世界を記述する上で便利な工夫がいろいろ提案されます．しかし，細かい定義や書式より，どのような目的でそのような機能が定義されたかを知ることが大切です．

図7・1　レストランをオブジェクト指向で捉えるイメージ図

7.1 クラスとオブジェクトの関係

共通の性質を定義したクラスとクラスから生成される具体的なオブジェクトの関係を見ていきましょう．

1 オブジェクトをどう作るの？

これまで数値や文字列，リストなどさまざまなデータの型を利用してきました．何気なく使ってきたデータは，オブジェクトと呼ばれる仲間です．そこで，今まで利用してきたデータをオブジェクトという視点からから捉え直します．

まず，オブジェクトを作る段階から振り返ります．基本的にはオブジェクトは，クラスから作ります．オブジェクトを作る方法がいくつか用意されています．代表的な方法は以下の4つです．

(1) 組み込みオブジェクトを使う

今まで登場したオブジェクトは，多くが組み込み型から生成されたものです．次のプログラムを例に解説します．

```
L = ["aa", "bb", "cc"]   ①
print(L)
L.remove("aa")   ②
print(L)
```

■実行結果

```
['bb','cc']
```

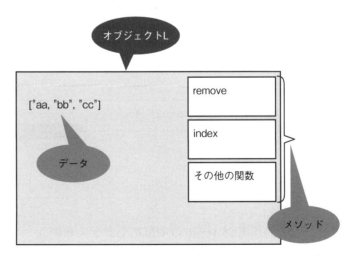

図7・2 オブジェクトを構成するデータとメソッドのイメージ

● 解説

①はリストオブジェクトLを定義しています.

②はリストオブジェクトで定義されているremoveメソッド（要素を削除する）を使って，要素を削除する仕事をしています．その結果，"aa"が削除されたLが生成されたことを示しています.

ここで，L.remove()は，Lオブジェクトの持つremoveメソッドを使ってデータ"aa", "bb", "cc"を処理すると考えます.

(2) 標準ライブラリーのモジュールを使う

例えば乱数を発生させるクラスRandomは，randomモジュールに入っています．Randomクラスにはさまざまな疑似乱数を生成するメソッドが用意されています.

■ randint メソッド

```
r.randint( a, b )
```

randint(a, b)は，a以上b以下のランダムな整数を返します.

■ random メソッド

```
r.random()
```

randomは，0以上1未満のランダムな浮動小数点を返します.

● 方法A

```
import random          ← randomモジュールを読み込む
r = random.Random()    ← randomモジュールの中のRandomクラスから，名前の競合を避
                          けるためにrandomモジュールを明示しrオブジェクトを作成
a = r.randint(1, 6)    ← 作成したオブジェクトのメソッドを使って計算する
print(a)
print(random.randint(1, 100))  ← randomモジュールのRandomクラスの
                                  メソッドを直接呼び出して使っている
```

● 方法B

```
from random import *   ← すべてをインポートする
r = Random()           ← 名前競合がないので，この書き方が許される
a = r.randint(1, 6)
print(a)
print(randint(1, 100))
```

(3) 外部モジュールの中にあるクラスを使う

第5章ではTurtle Graphicsを使って図形を描きました．そのときに利用したturtleモジュールの使い方を振り返ってみましょう．turtleモジュールは，Turtle

7.1 クラスとオブジェクトの関係

クラスと Screen クラスの2つのクラスを提供しています.

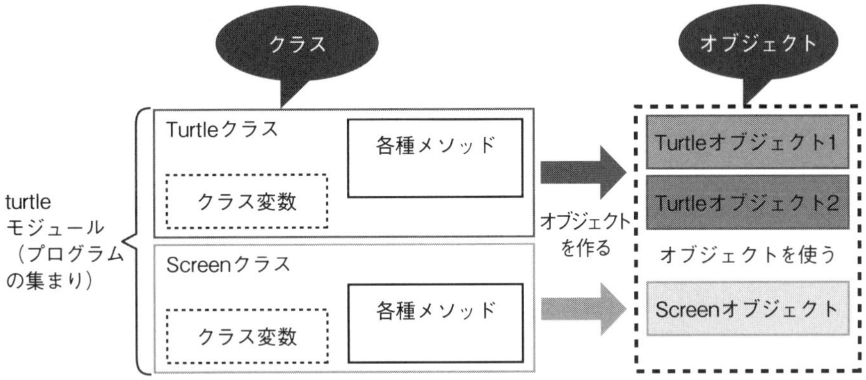

図7・3　turtle モジュールが提供するクラスと生成されるオブジェクトのイメージ

● 解説

Turtle Graphics を利用するときは，どのように操作したかを思い出してみましょう.

絵を描くタートルを利用するためには，

① turtle モジュールをインポートします.
② そして，t = turtle.Turtle() と書いて，インポートしたモジュールにある Turtle クラスから t と名付けたオブジェクトを生成します.
③ その後，t オブジェクトのさまざまなメソッドを使って絵を描きます.

この手順が，定義されたクラスからオブジェクトを生成して，オブジェクトを利用する基本です.

(4) 自分でクラスを定義して，定義したクラスから使う

この方法は，自分でクラスを作ることから始めます. そのためには，クラスの定義の方法を学ぶ必要があります. 以降の節で学びます.

2 今まで体験したことをオブジェクト指向の視点から再整理

ここで，Turtle Graphics を使って，**オブジェクト指向プログラミング**と**手続き的指向プログラミング**の両方の書き方を体験してみます.

Turtle Graphics モジュールには，2つのクラス（Turtle クラス，Screen クラス）が定義されていました.

$$
\text{turtle モジュール} \begin{cases} \text{Turtle クラス} \\ \text{Screen クラス} \end{cases}
$$

131

第7章　クラスとオブジェクトを使う

　今まで述べてきた方法はオブジェクト指向の方法で解説してきました．ここでは，意図的に手続き的な書き方を体験してみます．

(1) 手続き的指向 (オブジェクトを意識しない) で実行
すべての関数 (メソッド) を一括で呼び込みます．

```
from turtle import *          モジュールのすべての要素を取り込む
bgcolor("orange")             Screen クラスの bgcolor メソッドを使っている
color("red", "yellow")        Turtle クラスの color メソッドを使っている
begin_fill()
while True:
    forward(200)
    left(170)
    if abs(pos()) < 1:
        break
end_fill()
```

　Turtle クラスと Screen クラスのメソッドを，オブジェクトを作成することなく利用しています．

(2) オブジェクト指向で実行
同じプログラムをオブジェクト指向で実行すると，以下のようになります．

```
from turtle import *
t = Turtle()                  Turtle クラスから Turtle オブジェクト t を生成
s = Screen()                  Screen クラスから Screen オブジェクト s を生成
s.bgcolor("orange")           s オブジェクトの bgcolor メソッドを使って背景色を
                              オレンジ色にする
t.color("red", "yellow")
t.begin_fill()                t オブジェクトの色を定義するメソッドを使っている
while True:
    t.forward(200)
    t.left(170)
    if abs(t.pos()) < 1:
        break
t.end_fill()
```

132

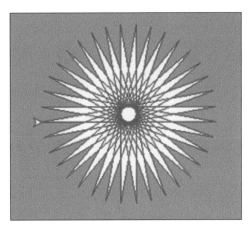

図7・4 Turtle star

(3) オブジェクト指向で複数のオブジェクトを実行

1つのクラスから複数のオブジェクトを生成することができました．クラスはオブジェクトを生成する鋳型あるいは設計図と考えればわかりやすいでしょう．それでは実際に複数のオブジェクトを生成して，実行してみましょう．

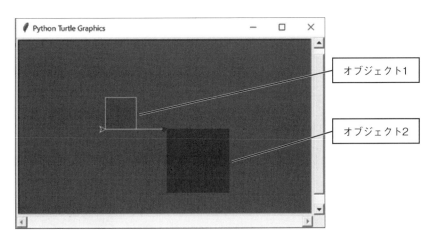

図7・5 複数のオブジェクトで描く図

```
from turtle import *
s = Screen()          ← Screenオブジェクト作成．単一オブジェクト
s.bgcolor("green")    ─┐ Screenオブジェクトのメソッドを使って，
s.setup(500, 300)     ─┘ メインウインドウのサイズと色を設定
t1 = Turtle()         ← Turtleオブジェクト1の作成
t2 = Turtle()         ← Turtleオブジェクト2の作成
t1.color("red", "blue")
t2.color("yellow", "#666666")
t1.begin_fill()
```

第7章 クラスとオブジェクトを使う

```
t2.begin_fill()
t2.setpos(-100, 0)
for i in range(4):
    t1.fd(100)
    t2.fd(50)
    t1.rt(90)
    t2.lt(90)
t1.end_fill()
t2.end_fill()
```

7.2 クラスを定義する

　今までは，提供されたクラスを利用してオブジェクトを生成してプログラムを作成していました．本節以降では，自分でクラスを作り，そのクラスからオブジェクトを生成して，プログラムの中で利用する方法を学びます．

　前出の図7・3ではクラスの構成要素を示しました．クラスは，クラス内で定義される変数であるクラス変数と動作や処理を定義するメソッドから成り立ちます．

　手始めに空のクラスを定義してみましょう．

例題7-1

何もしないクラスを定義する．そのクラスから2つのオブジェクトを作ってみよう．

■プログラム例

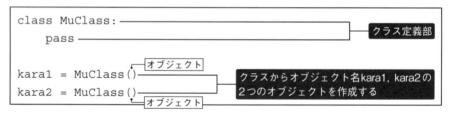

● 解説

　クラスは，クラス変数とメソッドから構成されます．メソッドは，関数の形で定義します．

1 クラスの定義と構成要素

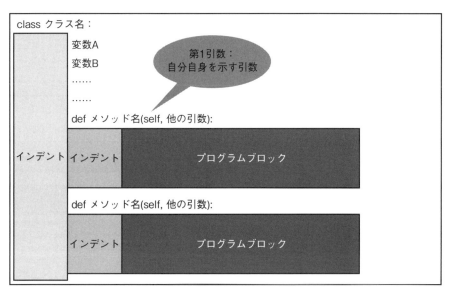

図7・6 クラス定義と構成要素

　クラスを定義するときは，classの後にクラス名を書きます．クラス名は習慣として，頭文字は大文字とします．クラス名の後にコロン(:)を書きます．

　インデントして，クラスの構成要素を書き加えます．まず，クラス変数を定義します．続いてメソッドを定義します．メソッドは関数の書式と同じです．ただし，メソッドの第1引数は，自分自身を示す引数で，習慣としてselfが使われます．

　例題7-1で利用したpassは，文を書くことが構文上要求されているけれども，プログラム上何も動作する必要がない場合に使われます．

2 クラスからオブジェクトの生成

　クラスからオブジェクトを作るための書式は，

```
オブジェクト変数名A ＝ クラス名(引数1, 引数……)
オブジェクト変数名B ＝ クラス名(引数1, 引数……)
```

です．

　1つのクラスから，引数などによってそれぞれの特徴を持つ，しかし似た性質を備えたオブジェクト（インスタンス）をいくつでも作れます．インスタンスとは，クラスから生成されたオブジェクトを指します．

例題7-2

HitoClassクラスを定義する．HitoClassクラスは，変数として性別（sex）と年齢（old）を持つ．処理は何もしない．HitoClassクラスからhanakoとtaroオブジェクトを作成し，変数に値を代入する前にhanako, taroのオブジェクト変数を表示する．次にhanakoとtaroのオブジェクト変数とクラス変数にそれぞれ値を代入し，以下のような表示をしてみよう．

■実行結果

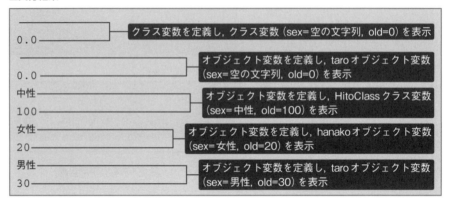

■プログラム例

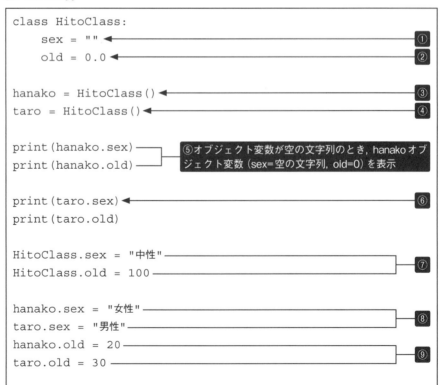

```
print(HitoClass.sex) ──────────────────────────────── ⑩
print(HitoClass.old) ────────────────────────────────

print(hanako.sex) ─────────────────────────────────── ⑪
print(hanako.old) ───────────────────────────────────

print(taro.sex) ───────────────────────────────────── ⑫
print(taro.old) ─────────────────────────────────────
```

● 解説

- ①②：クラス変数の定義
- ③④：オブジェクトの生成
- ⑤⑥：オブジェクト変数の表示
- ⑦：クラス変数への値代入
- ⑧⑨：オブジェクト変数への値の代入
- ⑩：クラス変数の値の表示
- ⑪⑫：オブジェクト変数の値の表示

3 クラス変数

(1) クラス変数とは

クラス変数は，<u>そのクラスの**すべてのオブジェクト**によって共有される属性</u>やメソッドのための変数です．

クラス変数を参照するときは，

クラス名.変数名

と記述します．

(2) クラス変数への値の代入

クラス変数への代入には2つのやり方があります．まずはクラス定義のときに値を代入する方法です．

■例

```
class Dog:
    kind = "柴犬"
```

もう1つの方法として，クラス定義後に，クラス変数に値を代入することができます．

「クラス名.変数名」の形で指定します．

第7章　クラスとオブジェクトを使う

■例

```
a = Dog()
Dog.kind = "コリー"
```

(3) クラス変数の値の参照

クラス変数を参照する際は,

クラス名.変数名

と記述します.

■例

```
A = Dog()          ←──────────────── オブジェクトAを生成
print(Dog.kind)
```

■実行結果

```
コリー
```

クラスDogのkind変数の値である「コリー」が出力されます.

(4) クラス変数の働き

クラス変数は,「クラス.変数名」と表記し,すべての**オブジェクトで共通する変数**です.

● オブジェクト変数が存在しない場合

オブジェクトが存在しないとき,「オブジェクト.変数名」はクラス変数を参照します.「オブジェクト.変数名」に値を代入した時点でオブジェクト変数が動的に追加され,以降はオブジェクト変数が参照されます.

■例

```
class MyClass:
    PI = 3.14

a1 = MyClass()
a2 = MyClass()
print(a1.PI)       ←──── クラス変数MyClass.PI(3.14)が参照される
a1.PI = 3.141593   ←──── オブジェクト変数a1.PIが生成される
print(a1.PI)       ←──── オブジェクト変数a1.PI(3.141593)が参照される
print(a2.PI)       ←──── クラス変数MyClass.PI(3.14)が参照される
```

7.2 クラスを定義する

■実行結果

```
3.14      ← クラス変数を参照
3.141593  ← あるオブジェクト変数
3.14      ← あるオブジェクト変数が定義されていないので，クラス変数を参照
```

4 オブジェクト変数

(1) オブジェクト変数とは

オブジェクト変数とは，それぞれのオブジェクトについて固有のデータのための変数です．

(2) オブジェクト変数への値の代入

オブジェクト変数に値を代入するやり方も2つあります．1つは，クラス定義後にオブジェクトを作成して，値を代入します．

```
a = Dog()
a.kind = "コリー"
```

2つ目の方法としては，__init__()の仮引数として，オブジェクトを作成するときに実引数として渡します．

```
class Dog:
    kind = ""
    def __init__(self, k):
        self.kind = k
```

そして，オブジェクトを作成するときに，実引数として渡します．

```
a = Dog("コリー")
```

(3) オブジェクト変数への値の参照

「オブジェクト名.変数名」でオブジェクト変数の値を参照できます．

5 クラス変数やオブジェクト変数の特性

(1) クラス変数やオブジェクト変数の動的追加

クラス変数やオブジェクト変数は，動的に追加することができます．すなわち，クラス定義のときにクラス変数やオブジェクト変数が定義されなくても，オブジェクトを作成後に動的に追加できます．

第7章　クラスとオブジェクトを使う

■例

```
class HitoClass:
    pass
a1 = HitoClass()
a1.name2 = "Tanaka"          ← オブジェクト変数の追加
HitoClass.weight = 66        ← クラス変数の追加
print(a1.name2)
print(HitoClass.weight)
```

■実行結果

```
Tanaka
66
```

(2) スコープの制御 (アクセス制限またはカプセル化)

● 何の目的でこの機能があるの？

　一度作成したプログラムをその中身を知らない第三者が共有して有効に利用したいときに，スコープの制御 (カプセル化) が有効です．これは外部から変数や関数を勝手に参照 (利用) できないように隠ぺいする機能です．これにより，元のプログラムが外部から保護され，保守性が保たれます．

　一方，外部からは公開された手続きでしかデータを操作できないようにすることで，個々のオブジェクトの独立性が高まります．

　Pythonでは Java言語に見られる private や protected などのスコープを制御する機構 (アクセス修飾子) は実装されていません．ですから，基本的にクラス変数，オブジェクト変数はすべてどこからでも参照可能 (public) となります．

　しかし，スコープの制御を**アンダーバー (_) で始まる変数や関数は外から参照しないという慣習的ルール**で実現しようとしています．**アンダーバー2個 (__) で**始まる変数や関数は，参照が制限されます．

　以下のプログラムを入力して，実行してみましょう．

```
class HitoClass:
    def __init__(self):
        self.name = "tanaka"
        self._name = "yamada"
        self.__name = "suzuki"
    def hello(self): print("hello")
    def _hello(self): print("hello")
    def __hello(self): print("hello")

a = HitoClass()
```

140

7.3　メソッドの定義

```
print(a.name)      ←  ①参照できる変数
print(a._name)     ←  ②参照できるが慣習的に参照しない変数
print(a.__name)    ←  ③参照できない変数（AttributeError例外）
a.hello()          ←  ④参照できるメソッド
a._hello()         ←  ⑤参照できるが慣習的に参照しないメソッド
a.__hello()        ←  ⑥参照できないメソッド（AttributeError例外）
```

■実行結果

```
tanaka
yamada
Traceback (most recent call last):
  File "C:¥data¥Python¥hito_class_hide.py", line 15, in <module>
    print(a.__name)    ←  ③参照できない（AttributeError例外）
AttributeError: "MyClass" object has no attribute "__name"
```

また，③をコメント文として実行しない設定とした場合は次のようになります．

■実行結果

```
tanaka
yamada
hello
hello
Traceback (most recent call last):
  File "C:¥data¥Python¥hito_class_hide.py", line 19, in <module>
    a.__hello()    ←  ⑥参照できない（AttributeError例外）
AttributeError: "MyClass" object has no attribute "__hello"
```

● 解説

　①や④では，外部から参照および操作できることが確認できます．②や⑤は習慣的に参照および操作は実行しないようにします．③や⑥のような参照や操作はエラーとなり，実行が止まります．このような慣習的なルールを組み合わせて，変数やメソッドのスコープの制御を実現しようとしています．

7.3　メソッドの定義

　Pythonにおけるメソッドは3種類あります．(1) インスタンスメソッド，(2) クラスメソッド，(3) スタティックメソッドです．

(1) インスタンスメソッドは，オブジェクトに対する処理や動作を記述する関数のようなものです．オブジェクトを生成してから呼び出す必要があります．

　メソッドは，オブジェクトが行う動作や処理を記述したものです．メソッド

141

の書式は関数として定義します．特に，メソッドの第1引数であるselfはオブジェクト自身を示す引数で，重要な働きをする特徴的な引数です．
(2) クラスメソッドは，オブジェクト化しなくても呼び出すことができますが，オブジェクトからでも呼び出すことができます．
(3) スタティックメソッドは，クラスメソッドと同じですが，「self」を用いたオブジェクト変数にはアクセスできません．

本書の範囲では，特別な記述がないときは，メソッドはインスタンスメソッドを指すこととします．

以下の例題で，メソッドが受け取る第1引数（self）の働きを見てみましょう．

例題7-3

亀のオブジェクトを利用するために，まずKameクラスを作る．メソッド名go_forwordを実行すると，Kameと表示するとともに，前へ100進むことを確認してみよう（図7・7）．

■実行結果

```
Kame
>>>
```

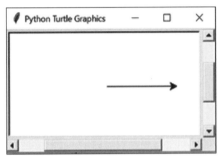

図7・7 例題7-3の実行結果

■プログラム例

```
from turtle import *      ①turtleモジュールからすべての要素を読み込む
t = Turtle()              ②Turtleクラスからtオブジェクトを作成
#--------メソッドの呼び出し メソッドが受け取る1個目の引数--------
class Kame:               ③自分のクラスKameを定義
    def go_forword(self): ④go_forwordメソッドを定義
        print("Kame")     ⑤メソッドの中身
        t.fd(100)         ⑥メソッドの中身，他のオブジェクト(t)のメソッド．
                            どこからでも利用できることがわかる
n = Kame()                ⑦今定義したクラスからオブジェクトを生成する
n.go_forword()            ⑧メソッドの呼び出し
```

● 解説

④の第1引数selfがないと，エラーを起こします．オブジェクト自身を示すselfは第1引数として**常に必要**とされます．

7.3 メソッドの定義

クラスが持つ関数をメソッドと呼びます．どこからでも**参照可能** (public) です．

例えば，⑥はTurtleクラスから生成されたturtleオブジェクトのfdメソッドです．自作のKameクラスからも参照できます．

さて，ここで大切なことは，メソッドの第1引数は**オブジェクト**を指定しているというこです．ですから，⑦でnと命名されたオブジェクトが生成されたときには，nオブジェクトの中のgo_forwordメソッドの第1引数であるselfはnの値を持ちます．

第2引数以降は，今までの関数のように仮引数として定義されます．実行するときには，メソッドの実引数を受け取ります．

⑧メソッドの呼び出しと引数に示しているように，メソッドを呼び出すときには次のように，明示的には示されませんがオブジェクト自身が最初の引数selfへ渡されます．

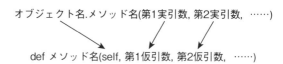

図7・8 メソッドの呼び出しと引数

先の例では，n.go_forword()はnオブジェクトのgo_forwordメソッドを引数なしで呼び出しています．オブジェクト内で定義された最初の引数selfには，オブジェクト名nが暗黙的に渡され，利用されます．呼び出す側には引数がありません．

1 引数selfの働き

上で説明したselfの働きを確かめるために，以下の例題を実行してみましょう．値を返すメソッドが定義されていることに注意して，プログラムの動きを追跡してみましょう．

例題7-4

以下のプログラムを追跡して，エラーが発生する理由について考えてみよう．

■プログラム例

```
class HitoClass:
    def siharai(self):    # 第1引数は自身のオブジェクト名 (self)
        return 10000

a = HitoClass()
print("給与は:{0}".format(a.siharai()))
```

第7章 クラスとオブジェクトを使う

```python
class Hito2Class:
    bonus2 = 2000
    def siharai(self):
        return(10000 + bonus2)


b = Hito2Class()
print("給与は：{0}".format(b.siharai()))
```

■実行結果

```
給与は：10000
Traceback (most recent call last):
  File "C:/data/hito-class-self.py", line 14, in <module>
    print("給与は：{0}".format(b.siharai()))
  File "C:/data/hito-class-self.py", line 11, in siharai
    return(10000 + bonus2)          エラー. bonus2 は定義されていない
NameError: name "bonus2" is not defined
```

● 解説

　生じたエラーは，bonus2という変数が「定義されていない」ということを示しています．しかし，同じクラスの中にはbonus2が定義されています．実は，「定義されていない」というのは正確には「参照できる範囲に定義がない」という意味です．同じクラスの中で定義された変数でも，同じクラスのメソッド（関数）からは参照できない仕組みになっているのです．

　同じクラス内の変数を参照できるようにするために，メソッド（関数）の第1引数のselfが働きます．selfとは，定義されたオブジェクトそのもの，ここでは「Hito2Class」を示します．

　したがって，self.bonus2は，Hito2Classのbonus2を示すことを意味します．これによりメソッド（関数）からの参照が可能になります．メソッドの第1引数は，selfという名前以外でも可能ですが，慣習としてselfを利用しています．

　この点を改善すると，以下のようになります．

```python
class Hito2Class:
    bonus2 = 2000
    def siharai(self):
        return(10000 + self.bonus2)


b = Hito2Class()
print("給与は：{0}".format(b.siharai()))
```

7.3 メソッドの定義

■実行結果

```
給与は：12000
```

結果のとおり，正常に動作しました．

2 複数の引数を受け取るメソッド

例題7-5

次に，2個以上の引数を受け取るメソッドの例を考えてみよう．
KameClassのクラスを定義する．クラスの定義するメソッドに数値を引数として渡すと，その数値だけステップ移動するとともに，「○○ステップ亀が移動」と表示する．

■実行結果

```
100ステップ亀が移動
>>>
```

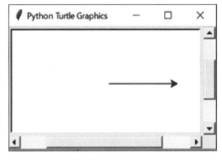

図7・9 例題7-5の実行結果

■プログラム例

```
from turtle import *
t = Turtle()
#- - - - - - - - - - -2個以上の引数を受け取るメソッド- - - - - - - - - - - - -
class KameClass:          ← クラス定義
    def add_kame(self, s):    ← メソッド定義
        print(str(s) + "ステップ亀が移動")
        t.fd(s)

h = KameClass()
h.add_kame(100)           ← 実引数を伴ってメソッドを呼び出す
```

● 解説

オブジェクトから実引数である100を渡して，メソッドを実行します．呼び出される側には第2仮引数のsに100が渡されて，実行していることが確認できます．第1引数のselfには，hオブジェクトが渡されます．

第7章　クラスとオブジェクトを使う

図7・10　add_kame メソッドの呼び出し

3　メソッドの中での変数の扱い

例題7-6

次に，メソッドの中で変数を扱ってみよう．例題7-5を改良する．
クラスに変数nameを定義して，実行するときに変数nameに値（太郎）を代入し，その値をメソッドの中で出力することで，以下のような表示をさせてみよう．

■実行結果

```
太郎100ステップ移動
>>>
```

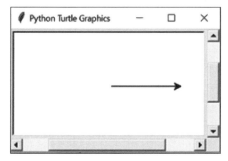

図7・11　例題7-6の実行結果

■プログラム例

```
from turtle import *
t = Turtle()
#----------2個以上の引数を受け取るメソッド--------------
class KameClass:
    name = ""                              ①クラス変数の定義
    def add_kame(self, s):
        print(self.name + str(s) + "ステップ移動")
        t.fd(s)                    ②self（オブジェクト）の変数の値を利用

h = KameClass()
h.name = "太郎"                   ③オブジェクト変数に値を代入
h.add_kame(100)
```

● 解説

個々のオブジェクトは変数を持つことができました．変数は個々のオブジェク

トに専属する識別子です．すなわち，変数は個々のオブジェクトごとに別々ということです．

例えば，AとBという2つのオブジェクトがあって，同じKameClassクラスから生成されたものであるならば，そのどちらのオブジェクトもnameという変数を持ちます．オブジェクトAは"Yamada"，オブジェクトBは"Nakamura"の値を持ったとします．

メソッドの中でそれぞれのnameを識別するには，self.nameとします．selfは自分自身のオブジェクトを示すため，A，Bそれぞれ固有の値を持つことができます．

③によって，hオブジェクトのnameの値は，"太郎"になりました．オブジェクトhが生成されたとき，②のselfはhを示します．そのため，self.nameはh.nameを意味し，値は"太郎"となっています．

さて，ここで問題があります．

1つのクラスから複数のオブジェクトを生成して，それぞれのオブジェクトの変数に値を代入することを考えます．

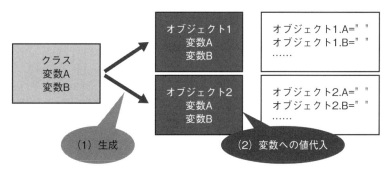

図7・12 オブジェクト変数への値の代入の例

そのためには，図7・12に示すように，(1) 生成のステップと (2) 値の代入のステップの2段階を経る必要があります．オブジェクトの数が多い場合は大変です．

そこで，これらを一緒に処理することを考えます．(1) のオブジェクトを生成するときに，自動的に働くメソッドがあると便利です．実は，その仕組みが提供されています．その仕組みを使い，変数に値を代入することができます．

この仕組みが**初期化メソッド**（コンストラクター（constructor））と呼ばれる機能です．

4 コンストラクター (constructor)　__init__

Pythonでは，コンストラクターを「__init__」というメソッドで用意しています．__init__メソッドは，オブジェクトが生成されるときに呼び出され，実行されます．この機能を使うと，**初期設定の処理**ができます．

第7章 クラスとオブジェクトを使う

例えば,

- 数値の直接的な初期設定
- オブジェクトを作成するときに引数を渡して,初期設定する
- 最初に行いたい処理

などを実行できます.

次のプログラムを実行して,その動作を見てみましょう.

■プログラム例

```
from turtle import *
t = Turtle()
#- - - - - - - - - - オブジェクトの初期化 - - - - - - - - - - -
class Kame:
    def __init__(self):◀─────────────────────────①
        t.fd(50)


h = Kame()◀───────────────────────────────②
```

● 解説

②によって,Kameクラスが生成されるたびに①が実行され,Turtleが50ピクセルだけ前進します.オブジェクトを生成するときに実引数は与えられていないので,コンストラクターに定義された命令が実行されます.

次のプログラムを実行して,その動作を見てみます.

■プログラム例

```
class HitoClass:
    name_C = "本郷"◀─ クラス変数
    def __init__(self, name):◀──────────────────①
        HitoClass.name = "山田"◀─ クラス変数
        self.name = name◀─ オブジェクト変数の初期化
    def getName(self):◀──────────────────────②
        return self.name◀───────────────────③


a = HitoClass("Tanaka")◀─────────────────────④
print(HitoClass.name)◀───────────────────────⑤
print(a.getName())◀──────────────────────────⑥
print(HitoClass.name_C)◀─────────────────────⑦
```

148

7.3 メソッドの定義

● 解説

実行すると以下のような結果となります.

■実行結果

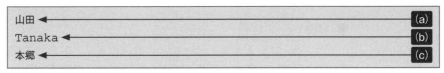

④によって, aオブジェクトが作成されます. 同時に実引数 (Tanaka) が渡され, ①のコンストラクターに処理が移り, 第2仮引数のnameに代入されます. そのときのselfの値は, aオブジェクトとなります.

次に, HitoClass.name = "山田"によって, クラス変数のnameが"山田"に初期化されます. インスタンス変数self.name = nameは, a.name = "Tanaka"となります.

⑤によって, HitoClass.nameの値である"山田"が出力され, (a)の結果となります.

⑥によって, a.getName()メソッドが呼び出され, ③によってself.nameの値が返ってきます. ところで, self.nameはaオブジェクトのname変数ですので, a.nameの値はインスタンス変数の初期化によってself.name = name, 値は, "Tanaka"となっていました. そこで, ②の値を返す関数で返ってくる値は"Tanaka"であり, それが出力されて, (b)の結果となります.

⑦によって, HitoClass.name_Cの変数の値が出力されます. HitoClass.name_Cはクラス変数ですので, クラスが定義されたときに"本郷"となっています. なお, クラス変数はどのオブジェクトにも共通で"本郷"です.

例題7-7

コンストラクター__init__を使って, 例題7-6を書き換えてみよう.
コンストラクターを使って例題7-6と同じ結果を作り出す方法はいくつか考えられる. 以下に3つの例を提示する. それぞれの使い方の違いを説明してみよう.

■プログラム例1

```
from turtle import *
t = Turtle()
#----------------- 変数の初期化 -----------------
class KameClass:
    name = ""
    def __init__(self, n):      ①コンストラクターの定義
        self.name = n            ②変数を初期化
    def add_kame(self, s):       ③
        print(self.name + str(s) + "ステップ移動")  ④
        t.fd(s)
```

第7章　クラスとオブジェクトを使う

```
h = KameClass("太郎")
```
⑤オブジェクト生成と変数の実引数の代入
```
h.add_kame(50)
```
⑥オブジェクトを指定して, あるメソッドを実行する

● 解説

　クラスは, コンストラクター (①) と普通のメソッド (③) を定義しています. ③は引数としてsを外部から受け付けます.

　⑤によって, KameClassからhオブジェクトのオブジェクトを生成し, 同時に実引数"太郎"を渡します. その実引数はコンストラクター②の第2仮引数に渡されます. ②によって, hオブジェクトのname変数の値は, "太郎"となります.

　⑥によって, hオブジェクトのadd_kame(50)メソッドが呼び出されます. 実引数50は第2仮引数に渡され, ④の出力命令で,

太郎100ステップ移動

と出力されます. また, グラフィック画面に対しては, t.fd(50)が実行されます.

■プログラム例2

```python
from turtle import *
t = Turtle()
#- - - - - - - -初期化のときに, 変数の初期化と実行したい処理を行う- - - - - - -
class KameClass:
    name = ""
    def __init__(self, n, L):          ①コンストラクターですべて実行
        self.name = n                  ②生成されたオブジェクトの変数に代入
        print(self.name + str(L) + "ステップ移動")   ③実行したい処理1

        t.fd(L)                        ④実行したい処理2

h = KameClass("太郎", 50)             ⑤オブジェクトの生成と実引数を渡す
```

● 解説

　文字の出力と描画の実行をすべてコンストラクターで実行しています.

　⑤によって, クラス名KameClassからhオブジェクトのオブジェクトが生成されます. 同時に2つの実引数が渡されます. 渡された実引数は, ①のコンストラクターの第2仮引数と第3仮引数に渡されます. ②によって, オブジェクト変数nameの値は"太郎"に, ③の出力はLすなわち50が出力されます. ④によって, グラフィック画面に対しては, t.fd(50)が実行されます.

　プログラム例1と同じ結果が得られます.

7.3 メソッドの定義

■プログラム例3

```
from turtle import *
t = Turtle()
#－－－－初期化のときに，変数の初期化と定義したメソッドを呼び出し実行する－－－－
class KameClass:
    name = ""
    def __init__(self, n, L):
        self.name = n
        self.add_kame(L)          ①同じオブジェクトのメソッドを呼び出す
    def add_kame(self, s):
        print(self.name + str(s) + "ステップ移動")
        t.fd(s)

h = KameClass("太郎", 50)                                    ②
```

● 解説

　これは，コンストラクターの中に同じクラスで定義されているメソッドを呼び
出して実行する例です．②によって，クラスであるKameClassからhオブジェク
トのオブジェクトが生成されます．同時に実引数の"太郎"と"50"がコンストラク
ターの第2仮引数（n）と第3仮引数（L）に渡されます．コンストラクターの中の①
によって，hオブジェクトのadd_kameメソッドが呼び出され，実引数としてLが渡
されます．呼び出されたadd_kame(self, s)メソッドの第2仮引数（s）に値が渡され，
実行されます．そのため，これらのプログラム例はすべて同じ結果が得られます．

5 デストラクター（destructor）　__del__

　Pythonでは，コンストラクターに対応して，クラスのオブジェクトが消滅する
ときに呼び出されるメソッドであるデストラクター（destructor）も用意していま
す．これは，__del__というメソッドで定義します．

■例

```
from turtle import *
t = Turtle()
class Kame:
    def __init__(self):          コンストラクター
        print("コンストラクター動作")
        t.fd(50)
    def __del__(self):           デストラクター
        print("デストラクター動作")
        t.lt(90)
        t.fd(50)
```

151

```
h = Kame()
del h
```

■実行結果

コンストラクター動作
デストラクター動作

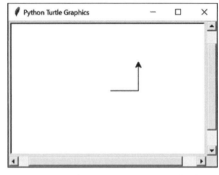

図7・13　デストラクターの例の実行結果

7.4　継承 (inheritance)

● なぜ必要なの？

　今までは，クラスを定義してから具体的なオブジェクトを作成してきました．見方を変えれば，オブジェクトを定義するクラスは，共通の特性（状態や機能）を持つオブジェクトをグループ化したものと考えられます．さらにそのクラスを特性の観点から階層化して管理すれば，コードを書く量を減らすことができます．そのことを実現する工夫を見ていきます．

　例えば，世の中にあるものは生物クラスと無生物クラスに分類されます．生物クラスは，動物クラスと植物クラスに分類されます．生物の性質に新たに特性を付け加えて植物に，異なる特性を付け加えることで動物になります．動物に新たな特性を加えて爬虫類に，爬虫類にさらに特性を加えて亀に，とどんどん細分化されます．

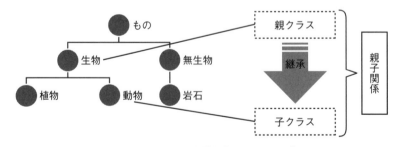

図7・14　クラスを階層化するイメージ

　あるクラス（亀）を定義するときに，何もないところからすべての特性を定義すると，大変手間がかかります．ところがもし，亀を包含する爬虫類の性質が定義さ

7.4 継承 (inheritance)

れていて，爬虫類の性質に亀の性質を付け加えることで亀を定義できれば助かります．このような仕組みを可能にする機能がPythonでは提供されています．

オブジェクト指向の目的の1つは，「コードの有効利用」です．一度作成したクラスをもとに新たなクラスを作成するとき，もとのクラスの変数（状態）やメソッド（機能）を受け継ぐことができれば，「コードの有効利用」を実現できそうです．

継承とは，あるクラスからあるクラスへ性質や機能を受け継がせることです．継承のもとになるクラスを**親クラス**，継承先になるクラスを**子クラス**と呼ぶことにします．この2つのクラスには「親子関係がある」といいます．

● 親子関係の作り方は？

クラスの作り方のうち，親クラスの作り方は先に述べたクラスの作り方と変わりません．親クラスから子クラスを作るときは，図7・15のように記述します．子クラスの名前を定義した後に親クラス名を書き，( )で括ります．

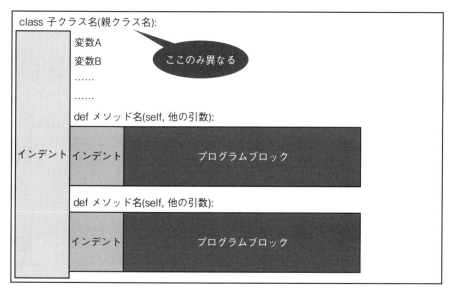

図7・15 子クラスの定義

例題7-8

例題7-6のクラスKameClassを継承したサブクラスSubKameClassは，一辺が任意の長さの三角形を描く機能を新たに持つとする．SubKameClassオブジェクトを使って，以下の結果が生じるプログラムを作成しよう．

■実行結果

次郎20ステップ移動
一辺が100の次郎の正三角形

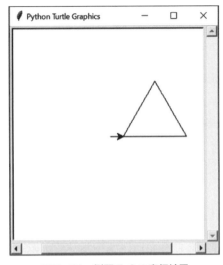

図7・16　例題7-8の実行結果

■プログラム例

```
from turtle import *
t = Turtle()
#------------クラスの継承---------------------
#---- 親クラスの定義----------
class KameClass:
    name = ""
    def add_kame(self, s):          ←①親クラスのメソッド
        print(self.name + str(s) + "ステップ移動")
        t.fd(s)
#----子クラスの定義---------
class SubKameClass(KameClass):
    def sankaku(self, s):           ←②子クラスのメソッド
        print("一辺が" + str(s) + "の" + self.name + "の正三角形")
        for i in range(3):
            t.fd(s)
            t.lt(360 / 3)

hh = SubKameClass()                 ←③子クラスのオブジェクト生成
hh.name = "次郎"                    ←④オブジェクト変数nameに代入
hh.add_kame(20)                     ←⑤親メソッドを呼び出して実行
hh.sankaku(100)                     ←⑥子メソッドを呼び出して実行
```

● 解説

　親クラスの機能を受け継ぎながら三角形を描く機能を新たに持ったSubKameClassを定義します．次にクラスからオブジェクトを生成させ，オブジェク

7.4 継承（inheritance）

トの機能を働かせて，直線と三角形の2つの図形を描き，コメントを表示させます．

　この例では，KameClassを継承したSubKameClassを定義します．

　子クラスでは，親クラスの**変数やメソッドを継承**して利用することができます．

　⑤は，子クラスから生成されたhhオブジェクトです．子クラスから生成された
hhオブジェクトは，親クラスで定義された①メソッドを実行します．

　⑥は子オブジェクトのhhオブジェクトから子メソッドを呼び出して実行してい
ます．

1　オーバーライド（override）

　親クラスに子クラスと**同じ名前**のメソッドがあった場合は，子クラスのメソッ
ドが優先されます．このことを，子クラスでは親クラスのメソッドを上書き（オー
バーライド）できるといいます．

　以下のプログラムは，オーバーライドの動きを確認するものです．入力して実
行してみましょう．

```
class MyClass:
    def language(self):          ①親クラスのlanguageメソッド
        print("日本語")
class SubMyClass(MyClass):
    def language(self):          ②親クラスのlanguageメソッドをオーバーライド
        print("英語")

a = SubMyClass()                 ③子クラスからオブジェクト生成
a.language()                     ④子オブジェクトのlanguageを呼び出す
```

■実行結果

英語 ◄──────── ⑤上書きされたメソッドの実行結果

● **解説**

　親クラスと子クラスで同じ名前のlanguageメソッドが定義されると子クラスの
メソッドが実行されます．その結果，"英語"が出力されます．

2　子クラスから親クラスのメソッドや変数を呼び出す

　子クラスから親クラスで定義されたメソッドや変数を参照することができま
す．その場合は，親クラスが何であるかを返す，組み込み関数のsuper関数を利用
します．

　では，この機能を使った例題を見てみましょう．

155

第7章　クラスとオブジェクトを使う

例題7-9

　例題7-8を改良して，例題7-7のプログラム例3のように，オブジェクトを生成すると
きに引数を渡すだけで結果を実行するサブクラスを作成してみよう．

- 実行結果は，例題7-8と同じ．
- 実行する命令が「h = SubKameClass("次郎", 50, 200)」となる．

■プログラム例

```
from turtle import *
t = Turtle()
class KameClass:                    # 親クラス
    name = ""
    def __init__(self, n, L):
        self.name = n
        self.add_kame(L)
    def add_kame(self, s):
        print(self.name + str(s) + "ステップ移動")
        t.fd(s)
class SubKameClass(KameClass):   # 子クラス
    def __init__(self, n, L, LL):
        parent_class = super(SubKameClass, self)
        parent_class.__init__(n, L)
        self.sankaku(LL)
    def sankaku(self, s):
        print("一辺が" + str(s) + "の" + self.name + "の正三角形")
        for i in range(3):
            t.fd(s)
            t.lt((360 / 3))

h=SubKameClass("次郎", 50, 200)
```

● 解説

　ポイントは，親クラスと子クラスの初期設定を使うところです．子クラス初期
設定から親クラスの初期設定を呼んで実行します．

　superは，子クラスを指定して，その親クラスのオブジェクトを呼ぶことができ
る組み込み関数です．書式は以下のとおりです．

■ super 関数

```
super( 子クラス, オブジェクト )
```

156

第1引数に子クラスの名前を，第2引数にオブジェクトを渡します．この例では，第1引数に子クラスの名前であるSubKameClassを，第2引数にselfを渡し，取得したKameClassオブジェクトをparent_classという変数に入れています．

parent_class.__init__(n, L)として，親クラスの初期化メソッドに"次郎"(n)と直進するステップ数(L)を渡します．加えて，子クラスの初期化メソッドでは三角形を描く自分自身のメソッド(sankaku(self, s))を **self**.sankaku(LL)として，実引数(LL)を渡して実行しています．

3 多重継承

多重継承とは，複数の親クラスの性質（変数やメソッド）を受け継いだクラス（子クラス）を定義することです．

図7・17　多重継承

例えば図7・17のように，人魚クラスは人クラスと魚クラスの両方の性質（変数やメソッド）を持つクラスです．

例題7-10

三角形を描くメソッドを持つClassAと四角形を描くメソッドを持つClassBの両方を継承する子クラスClassCを定義し，子クラスからオブジェクトを生成して，三角形と四角形を描くプログラムを作成してみよう．

第7章　クラスとオブジェクトを使う

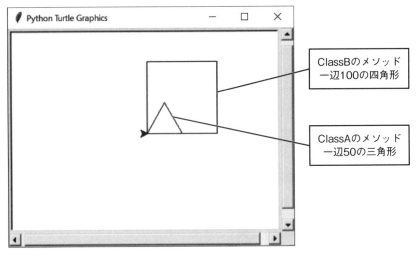

図7・18　実行結果

■プログラム例

```
from turtle import *
t = Turtle()
class ClassA:
    def sankaku(self):            # 三角形を描くメソッド
        for i in range(3):
            t.fd(50)
            t.lt(120)
class ClassB:
    def sikaku(self):             # 四角形を描くメソッド
        for i in range(4):
            t.fd(100)
            t.lt(90)
class ClassC(ClassA, ClassB):     # 2つのクラスの継承
    pass                          # 新たに何も定義されないクラスの中身

a = ClassC()
a.sankaku()                       # ClassAのメソッド
a.sikaku()                        # ClassBのメソッド
```

● 解説

　子クラスのClassCには何も定義されていません．2つの親クラスClassAとClassBを多重継承しているだけです．すでに定義されているクラス，言い方を変えればすでに書かれたプログラムをうまく利用して，自分のクラスClassCに活用していることがわかります．オブジェクト指向プログラミングの1つの目的は

「コードの有効利用」でした．階層化と継承という考え方を使ってその機能を実現していることがわかります．

練習問題

1. 以下のプログラムと実行結果の対応を，クラス変数の初期化やselfの働きに注意して説明しよう．

■プログラム例

```python
class Hito:
    sex = ""        # クラス変数1
    old = 0.0       # クラス変数2
    cnt = 0         # クラス変数3 ◀────────── すべてのオブジェクトで使われる変数

    def __init__(self, height, weight, ol):
        hito.cnt += 1
        self.height = height            # オブジェクト変数1
        self.weight = weight            # オブジェクト変数2
        hito.old = ol

    def get_bmi(self):  # bmi=weight(kg)/(heigth(cm)*height(cm))
        return(self.weight / (self.height / 100) / (self.height / 100))

a = hito(170, 60, 100)
hito.sex = "男性"    # クラス変数へ値を代入
a.sex="男"           # オブジェクト変数へ値を代入
hito.old = 50

print(hito.sex)
print(hito.old)
print(a.sex)
print(a.get_bmi())

b = hito(180, 60, 0)
hito.sex = "女性"
b.sex = "女"
b.old = 65
b.lastname = "松本"      # クラスに定義されていないオブジェクト変数を作る（動的に追加）
hito.lastname = "井上"   # クラスに定義されていないクラス変数を作る（動的に追加）

print(hito.sex)
```

159

第7章　クラスとオブジェクトを使う

```
print(b.sex)
print(b.get_bmi())
print(b.lastname)        # クラスに定義されていないオブジェクト変数を参照する
print(hito.lastname)     # クラスに定義されていないクラス変数を参照する
print(hito.cnt) ◄─────────────── オブジェクトを超えて利用された結果を出力する
```

■実行結果

```
男性
50
男
20.761245674740486
女性
女
18.51851851851852
松本
井上
2 ◄─────────────── オブジェクトを超えて利用された結果を出力する
>>>
```

2. 例題7-7のプログラム例2をもとに子クラスを定義して、例題7-8と同じ結果が生じるように改良する。プログラムの未完成の部分を埋めて完成させよう。

■未完成プログラム

```
from turtle import *
t = Turtle()
#- - - - - - - - - - - 変数の初期化. 初期化メソッドですべて行う- - - - - - - - - - - -
class KameClass:
    name = ""
    def __init__(            ):
                  = n
        self.L1 = L
        self.L2 = □LL
        print(self.name + str(self.L1) + "ステップ移動")
        t.fd(L)
class SubKameClass(KameClass):
    def __init__(self, n, L, LL):
        parent_class = super(            )
        parent_class.
        print("一辺が" + str(LL) + "の" + self.name + "の正三角形")
        for i in range(3):
            t.fd(LL)
            t.lt(360 / 3)
```

練習問題

```
h = SubKameClass("太郎",50,200)
```

3. X-Y座標系の点は，X座標とY座標の値を持つことで，具体的な点の位置を確定する．次のような機能を持つ点クラス（Point）を定義する．

- 自分自身の点を定義する機能
- 他の点との距離を計算する機能
- 他の点との中点の座標を返す機能

定義したクラスを使って，座標 (5,7) と座標 (2,3) の距離と中点を表示させてみよう．

■実行結果

```
5.0          ◄─────────────────────────  2点間の距離
3.5,5.0      ◄─────────────────────────  中点の座標 (x, y)
```

■プログラム例

```
import math
class Point:
    def __init__(               ):
        self.x = x
        self.y = y
    def get_distance(self, p):
        return math.sqrt((self.x - p.x)**2 + (self.y - p.y)**2)
    def get_midpoint(self, p):
        return Point((self.x + p.x) / 2, (self.y + p.y) / 2)
                    # オブジェクトを返している


p1 = 
p2 = Point(2, 3)
print(                      )
mp=p1.get_midpoint(p2)

print(str(mp.x) + "," + str(mp.y))
```

161

第7章　クラスとオブジェクトを使う

4. 練習問題3のクラスを拡張して，各オブジェクトに自動的に識別番号（id）が
割り振られるように改善してみよう．クラス変数とオブジェクト変数の違い
を思い出そう．
プログラムの未完成の部分を埋めて完成させよう．

■プログラム例

```python
import math
class Point:
    count = 0
    def __init__(                ):
        self.x = x
        self.y = y
                      += 1
        self.id =
    def get_distance(self, p):
        return math.sqrt((self.x - p.x)**2 + (self.y - p.y)**2)
    def get_midpoint(self, p):
        return Point((self.x + p.x) / 2, (self.y + p.y) / 2)
                        # オブジェクトを返している

p1 =
p2 = Point(2, 3)
print(p1.get_distance(p2))
mp =

print(str(mp.x) + "," + str(mp.y))

print(p1.id)
print(p2.id)
```

■実行結果

```
5.0
3.5,5.0
1
2
```

5. 肥満度テスト（BMI値）を計算するプログラムを，クラスを使って作成してみ
よう．
BMIクラスの設計は次のとおり．

● BMIオブジェクトを生成する．

162

● BMIオブジェクトに身長と体重を与えると，BMI値と肥満度の判定結果を出力する．

BMIは以下のように求められる．

BMI＝体重÷身長の2乗．ここで単位は，体重は「kg」，身長は「m」
BMI＜18.5　痩せ型，BMI＜25　標準，BMI＜30　軽肥満，それ以上　肥満

■プログラム例

```
class BMI:
    def __init__(self, weight, height):
        self.[      ] = weight
        self.[      ] = height
        self.calBMC()     # オブジェクトのcalBMC()メソッドを呼び出して実行する

    def calBMC([      ]):
        h = [      ].height / 100
        self.bmi = [      ].weight / (h**2)

    def printJudge(self):
        print("- - - - - - - -")
        print("BMI=", self.bmi)
        b = self.bmi
        if(b < 18.5): print("痩せ型")
        elif(b < 25): print("標準")
        elif(b < 30): print("軽肥満")
        else: print("肥満")

# 1人目
person1 = BMI(weight=69, height=170)
person1.printJudge()

# 2人目
person2 = BMI(80, 150)
person2.printJudge()
```

■実行結果

```
BMI= 23.87543252595156
標準
- - - - - - - -
BMI= 35.55555555555556
肥満
```

第7章 クラスとオブジェクトを使う

6. 複数のクラスを扱う練習問題である．学生のテストを管理するプログラムは，
①学生番号，名前，点数を管理する学生クラス，②学生を束ねて管理するクラ
スの2つのクラスからなり，学生の平均点を計算する．プログラムの未完成の
部分を埋めて完成させよう．

- 学生クラスは，学籍番号，名前，点数が入る．
- 平均を計算するクラスは，学生オブジェクトから平均値を計算する．

■プログラム例

```python
class Student:
    def __init__(self, id, name, score=0):
        self.id = ☐
        self.name = name
        self.score = ☐

    def getId(self):
        ☐ self.id

    def getName(self):
        return ☐

    def setScore(self, score):
        self.score = score

    def getScore(self):
        return self.score

class CalScore:
    def __init__(self):
        self.students = []

    def addStudent(self, ☐):
        self.students.append(student)

    def ave(self):
        v = 0
        for i in ☐ :
            v += i.getScore()
        ave_v = v / ☐(self.students)
        return ave_v

p1 = Student(10, "佐藤")
```

164

練習問題

```
p1.setScore(80)
p2 = Student(11, "鈴木", score=79)
p3 = Student(12, "佐々木", score=84)
p4 = Student(13, "井上", score=77)

cal = CalScore()
cal.addStudent(p1)
cal.addStudent(p2)
cal.addStudent(p3)
cal.addStudent(p4)

print("平均点=", cal.ave())
```

■実行結果

```
平均点= 80.0
```

第8章 ファイル処理

　コンピュータで処理したデータは，ハードディスクやSDカード，ネットワーク上の仮想ディスクなどにファイルとして書き込まれ，保存されます．また，必要に応じてデータをファイルから読み込むことができます．このような処理をファイル処理と呼びます．本章では，ファイル処理の基本について学びます．

この章で学ぶこと

- ファイルについて
- テキストデータをファイルへ書き込む
- テキストデータをファイルへ追加する
- テキストデータをファイルから読み込む
- CSVファイルを操作する

8.1 ファイル処理の基礎知識

　本書で扱うファイル処理の前提条件について，データの種類やファイル，文字コードの基礎知識を確認しておきましょう．

1 ファイル保存のデータについて

　ファイルに保存されるデータを大きく分けると，「テキストデータ」と「バイナリデータ」に分けることができます．テキストデータは，人が読める文字データの羅列です．文章やプログラムのソースコードなどは通常，テキストデータです．バイナリデータは，画像や動画などのデータです．

　Pythonは文字列として扱うテキストデータをstrオブジェクト，バイナリデータをbytesオブジェクトで扱います．ここでは，基本的なテキストデータを扱う場合のファイル処理について学びます．

2 テキストファイルの文字コードについて

　テキストファイルを扱う場合，文字コードが適切でないとエラーを生じます．文字コードの指定は「encoding」で指定しますが，指定しなかった場合はOSで決められたデフォルト値が利用されます．本章では，Windows系を基本として進めていきます．

　汎用的な文字コードとして，UTF-8が利用されます．その場合には例えば

8.2 ファイル処理の基本操作

```
f = open("text.txt", encoding="utf-8")
```

のように指定します.

3 ファイルの基礎知識

ファイルとは, 学生の住所録を例にすると, 必要な情報は以下のような項目が考えられます.

- 学籍番号
- 氏名
- 電話番号
- メールアドレス

学生1人分のデータ項目の集まりを**レコード**といい, 大学全体のレコードの集まりをファイルといいます. これらの関係を図8・1に示します. レコード長が同じ固定長レコード形式と, 異なる可変長レコード形式があります.

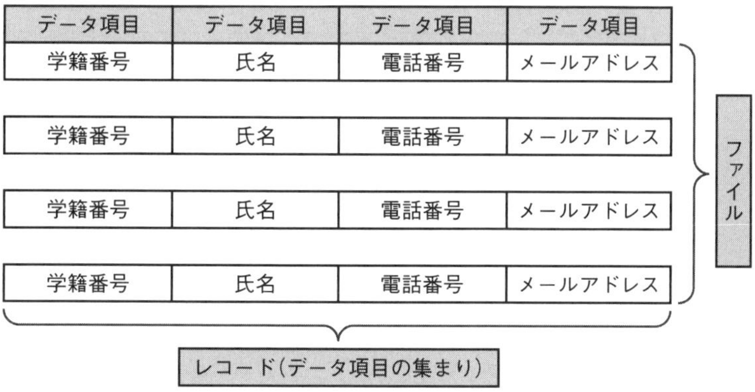

データ項目	データ項目	データ項目	データ項目
学籍番号	氏名	電話番号	メールアドレス
学籍番号	氏名	電話番号	メールアドレス
学籍番号	氏名	電話番号	メールアドレス
学籍番号	氏名	電話番号	メールアドレス

ファイル

レコード(データ項目の集まり)

図8・1 住所録のレコードとファイルの関係

8.2 ファイル処理の基本操作

テキストファイルを取り扱う基本的な命令とその動作について学びます.

167

第8章 ファイル処理

1 テキストファイルへの保存（書き込み）

例題8-1

　処理した結果をテキストファイルとして保存したい．カンマで区切られたCSVファイルとして保存することにする．
　range関数を使って，0から5までの値を生成し，その2乗を計算して，結果を"mydata.txt"という名前のファイルに保存してみよう．生成した値，カンマ，値を2乗した結果を1行のレコードにして書き込む．"mydata.txt"には実行結果に示したデータが書き込まれる．

■実行結果

```
0,0
1,1
2,4
3,9
4,16
5,25
```

■プログラム例

```
f = open("C:/data/mydata.txt", "w", encoding="utf-8")  ←①
for x in range(6):
    y = x ** 2
    f.write(str(x) + "," + str(y) + "\n")  ←②
f.close()  ←③
```

● 解説

　ファイルをプログラムから操作するときは，まずファイル処理機能をまとめたクラスからファイルオブジェクトを生成して，そのファイルオブジェクトに対して操作を行います（図8・2）．

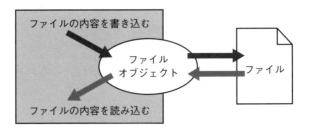

図8・2　ファイル処理のイメージ図

プログラムでこれら一連の処理をするときは，データをファイルに書き込むための手順

①ファイルオブジェクトを生成する
↓
②データを書き込む
↓
③ファイルオブジェクトを閉じる

の基本ステップを踏みます．

(1) 手順①のプログラム例

ファイルオブジェクトを生成します．これには組み込み関数 open を使い，TextIOWrapper というクラスのオブジェクトを生成します．

■ open 関数

```
f = open( "ファイル名", "モード", encoding="文字コード" )
```

ファイルオブジェクトには，いくつかのモードがあります．モード指定によって，ファイルの処理を設定します（表8・1）．

表8・1　モードの指定

モード指定	意味
r	ファイルを読み込むために開くモード．指定がないときはrが選択される
w	ファイルを書き込むために開くモード．ファイルが存在しないときは作成する．ファイルが存在するときは，内容を「空」にする
a	指定したファイルに追記するために開くモード．末尾に追記する
r+	読み込みと書き込みの両方を行うことができるモード
w+	読み込みと書き込みの両方を行うことができるモード．ファイルが存在すると，内容を空にする
a+	末尾に追記するためにファイルを開くモード．読み込みも可能．ファイルが存在しないときは作成する

● プログラムファイルとデータファイルの位置関係

ファイルのパスの指定には，相対パス指定あるいは絶対パス指定が利用できます．図8・3にディレクトリ構造の一例を示します．Cドライブの直下に2つのファイルと1つのフォルダ（ディレクトリ）があり，そのフォルダの下位に3つのファイルがあります．

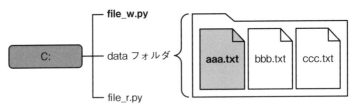

図8・3 ファイルの位置関係の例

絶対パスでファイルの指定をすると，次のようになります．

■ file_w.py

```
output = open("C:/data/aaa.txt", "w", encoding="utf-8")
```

outputと名前を付けられたファイルオブジェクトは，Cドライブにあるdataフォルダの中のaaa.txtファイルを書き込むファイルとして開きます．命令が書かれているプログラム（file_w.py）のフォルダとは関係なくファイルを指定しています．また，その書き込む文字コードをutf-8と指定しています．

相対パスでファイルの指定をすると，次のようになります．

■ file_r.py

```
input = open("aaa.txt", "r", encoding="utf-8")
```

inputと名前を付けられたファイルオブジェクトは，命令が書かれているプログラム（file_r.py）を起点として，dataフォルダにあるaaa.txtファイルを読み込むファイルとして開きます．

(2) 手順②のプログラム例

ファイルオブジェクトのwriteメソッドを使って，処理結果をファイルに書き込んでいます．

テキストファイルに書き込まれるデータはすべて，**文字列**として扱われます．**数値**は取り扱うことができません．そこで，**str**を使って，数値を文字へ変換します．

2つの文字の間にカンマを挟み，さらに"¥n"により**改行の制御コード**を書き加えます．これにより，1行改行されて次のデータが書き始められます．

書き出すためのメソッドとしては，以下のようなものがあります．

■ write メソッド

```
f.write( "文字列" )
```

文字列を指定して書き出します．メソッドの戻り値はありません．

8.2 ファイル処理の基本操作

■ writelines メソッド

```
f.writelines( シーケンス )
```

　文字列を要素に含むシーケンス(リストなど)を引数に与えます．改行文字を追加して書き出すようなことはしません．

(3) 手順③のプログラム例

　closeメソッドでファイルを閉じています．単にファイルを閉じるという意味だけではありません．writeメソッドなどのファイルに書き込む操作は，実際にファイルへデータを書き込んでいるとは限りません．例えばハードディスクへ書き込みをする場合，機械的な動作が伴うため，電子的な動作に比べて大変動作が遅くなります．ファイルの書き込みが完了するまで電子的な動作を止めて待つことは，効率がよくありません．そこで，バッファーと呼ばれる電子的な記憶領域にデータを書き込んでおきます．そして適当なタイミングで，バッファーからファイルへ書き込まれます．

■ close メソッド

```
f.close()
```

　closeメソッドが実行されると，バッファーに溜まっているデータを確実にデータファイルに書き込みます．

■ flush メソッド

```
f.flush()
```

　flushメソッドを使えば，バッファー上の内容を直ちにデータファイルに書き出せます．

　これにより，書き出すタイミングを指定することができます．

2 テキストファイルへのデータの追記

　open関数のモードに"a"を指定することで，データが書き込まれているテキストファイルの末尾にデータを追記することができます．

例題8-2

　range関数を使って10から15までの値を生成し，その2乗を計算して，結果を例題8-1で作成したデータファイル"mydata.txt"に追記してみよう．生成した値，カンマ，値を2乗した結果を1行で書き込む．

第8章　ファイル処理

■実行結果

```
0,0
1,1
2,4
3,9
4,16
5,25
10,100
11,121
12,144
13,169
14,196
15,225
```

■プログラム例

```
f = open("C:/data/mydata.txt", "a", encoding="utf-8")
for x in range(10, 16):
    y = x ** 2
    f.write(str(x) + "," + str(y) + "¥n")
f.close()
```

3 テキストファイルからのデータの読み込み

ファイルに存在しているデータをコンピュータの主記憶装置に取り込むことを，データの読み込みといいます．

例題8-3

以下のような文字データが書き込まれた"mytest.txt"ファイルが存在しているものとする．このデータを読み込んで，画面へ出力するプログラムを作成してみよう．

■データファイル "mytest.txt"

```
aaa
bbb
ccc
ddd
```

■プログラム例

```
f = open("C:/data/mytest.txt", "r", encoding="utf-8") ←─── ①
# - - - - - - - - -ファイルの読み込み read() - - - - - - - -
```

172

```
print("- - - - - - - read()メソッドによってファイルすべてを読み込む- - - - - - -")
s = f.read()◀───────────────────────────────────────────────────── ②
print(s, end="")
f.close()◀──────────────────────────────────────────────────────── ③
```

● 解説

データファイルからデータを読み込むための手順は以下のとおりです.

①ファイルオブジェクトの生成
②データを読み込む
③ファイルオブジェクトを閉じる

print関数は,endという引数を渡して末尾の文字列をコントロールできます.
print(s, end="")とすると改行せずに表示を行います.

● プログラム例①

ファイルオブジェクトを読み込みモードで生成します.オブジェクト名はfとし
ました.

```
f = open("C:/data/mytest.txt", "r", encoding="utf-8")
```

● プログラム例②

データを読み込む方法にもいくつかのやり方があります.例えば,ファイルか
ら読み込んでその文字列を返したり,1行読み込んで文字を返したり,など使い分
けることができます.

■ read メソッド

```
f.read([整数のサイズ])
```

ファイルから読み込みを行い,文字列を返します.オプションの引数でサイズ
指定があれば,サイズ分だけ読み込まれます.引数がなければ,ファイルの最後ま
で読み込まれます.

■ readline メソッド

```
f.readline([整数のサイズ])
```

ファイルから1行を読み込み,文字列として返します.オプションで引数を指定
すると,読み込む行のサイズを指定できます.

第8章 ファイル処理

■ readlines メソッド

```
f.readlines([整数のサイズ])
```

　ファイルから複数行を読み込みます. 戻り値は, 文字列を要素として含んだリストです. オプションの引数を指定しないと, ファイルの最後まで読み込み, 行に分割してリストを返します.

例題8-4

　下記に示すプログラムは, ファイルを読み込むメソッドが, ファイル (mytest.txt) からデータをどのように読み込むかを確かめるプログラムである.
　また, 1行ずつ読み込んで処理する方法をfor文とwhile文を使って実現した例でもある. この方法は, データを1行読み込んで, さまざまな処理をする基本となる. プログラムを入力し, 動作を確認してみよう.

■プログラム例

```
f = open("C:/data/mytest.txt", "r", encoding="utf-8")

# - - - - - - - - ファイルの読み込み read() readline()  readlines() の比較 - - - - - - - -
# read()メソッドでは
print("- - - - - - - - read()メソッドによってファイルすべてを読み込む- - - - - - - ")
s = f.read()
print(s, end="")
# readline()メソッドでは
print("- - - - - - - - - - readline()で1行読み込む- - - - - - - - - - ")
f.seek(0)　 # ファイルの中のシーク位置を0 (先頭) に戻す ◀ ファイルの内容を探す位置を制御する
ss = f.readline()
print(ss, end="")
# readlines()メソッドでは
f.seek(0)　 # ファイルの中のシーク位置を0 (先頭) に戻す
print("- - - - - - - readlines()でリストを返す- - - - - - - - ")
ss = f.readlines()
print(ss, end="")
#- - - - - - - - - - - - - 繰り返し命令と組み合わせて- - - - - - - - - - - - - - - - -
f.seek(0)
print()
print("- - - - - - - for文を使って, 1行ずつ読み込む- - - - - - - - - - ")
for l in f:
    print(l, end="")
print("- - - - - - - while文を使って, 1行ずつ読み込む- - - - - - - - - - ")
f.seek(0)
L = f.readline()
```

8.2 ファイル処理の基本操作

```
while L:
    print(L, end="")
    L = f.readline()
f.close()
```

■実行結果

```
- - - - - - - - read()メソッドによってファイルすべてを読み込む- - - - - - -
aaa
bbb
ccc
ddd
- - - - - - - - - - readline()で1行読み込む- - - - - - - - - - -
aaa
- - - - - - - - readlines()でリストを返す- - - - - - - -
[ 'aaa¥n' ,  'bbb¥n' ,  'ccc¥n' ,  'ddd¥n' ]
- - - - - - for文を使って，1行ずつ読み込む- - - - - - - - - -
aaa
bbb
ccc
ddd
- - - - - - while文を使って，1行ずつ読み込む- - - - - - - - - -
aaa
bbb
ccc
ddd
```

● 解説

　ファイルを扱うときは，シーク位置が大切です．シーク位置とは，ファイルを読み書きするときの位置（ファイルポインタ）のことです．シークの操作にはseekメソッドを使います．

■ seek メソッド

```
f.seek( offset [, whence ] )
```

offsetはシークするバイトで．whenceで指定された位置からの相対位置として解釈されます．whenceは，どこからシークするかを以下のいずれかの数値で指定します．

- 0：ファイルの先頭から
- 1：現在の位置から
- 2：ファイルの最後から

175

第8章 ファイル処理

現在のシーク位置を知るには，tellメソッドを使います．

■ tell メソッド

```
f.tell()
```

オブジェクトのファイル中における現在の位置を整数で返します．

4 with文

(1) ファイル処理とwith文

with文を使うと，ファイル処理をスマートにわかりやすく書き直せます．

ファイルを操作する基本は，

①ファイルオブジェクトの生成
②データを読み込む
③ファイルオブジェクトを閉じる

のステップを踏むことでした．

これを踏まえた上で，with文を使うと同じ処理を以下のように記述できます．

例題8-5

例題8-1のプログラム例を，with文を使って処理がわかりやすい形に書き換えてみよう．

■プログラム例

```
with open("C:/data/mydata.txt", "w", encoding="utf-8") as f:
    for x in range(6):
        y = x ** 2
        f.write(str(x) + "," + str(y) + "¥n")
```

実行したい
ファイル処理

● 解説

今回のプログラムでは，closeメソッドが消えています．

これは，with文の中で定義された処理が終わるとき，自動的にf.closeが実行されるからです．

利点はこれだけではありません．ファイル処理はエラーが起きやすい処理です．エラーが起きたときに，確実に実行しておきたい処理，例えばcloseメソッドを実行したいときは，エラー処理による方法が考えられます．

例えば，以下のようになります．

```
f = open("C:/data/mydata.txt", "w", encoding="utf-8")
try:
    for x in range(6):
        y = x ** 2
        f.write(str(x) + "," + str(y) + "\n")
finally:
    f.close()
```

ただし，この例外構文を使うと，記述が冗長になります．

with文を使うと，自動的に最後の処理でcloseメソッドを実行してくれます．

● **例外処理について**

Pythonでは，プログラム処理中にエラーが起こると例外が発生します．例外が発生すると，プログラムの実行が中断してしまいます．

プログラムの途中で例外が発生した場合でも，例外に対応した処理を実行させたい場合があります．例えばファイルを閉じたり，ネットワークを切断したりといった終了処理もその中の1つです．

そこで，いろいろな例外が起きた場合に，どのように対処するかを指示する構文が用意されています．

それが例外処理を行うtry～except構文やtry～finally構文です．

まず，try～except構文の書き方を以下に示します．

- エラーが発生するかもしれない処理Aをtry:の下の行にインデントして記述します．
- except:の下の行にインデントして処理Bを記述します．

図8・4　try～except構文

処理Aでエラーにより例外が発生すると，処理Aで生じた例外をキャッチして，except:の下の処理Bが実行されます．

以下のプログラムは，try:のブロックのs = a / bで0除算エラー（ZeroDivisionError）に起因する例外が発生し，その例外をexceptがキャッチして，print文を実

行しています.

```
a = 10
b = 0
try:
    s = a / b
    print(s)
except:
    print("例外発生")
```

また，例外の種類によって，実行したい処理を変えたい場合もあります．その場合は図8・5のように記述します．

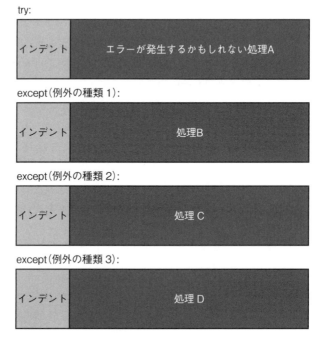

図8・5　例外の種類によって，実行したい処理を変える

次の例はprintと書くべきところを誤ったつづり(pri)としたため，例外(Name Error)が発生します．その下で，0除算エラーも発生します．それぞれの例外に対して処理を変えることができます．

```
a = 10
b = 0
try:
    pri()
    s = a / b
    print(s)
```

```
except (ZeroDivisionError):
    print("例外発生")
except (NameError):
    print("NameErrorです")
```

さて，エラーが発生するか否かにかかわらず最後に必ず実行したい処理を行わせることもできます．それが，次に述べるfinally:です．

図 8.6　try 〜 finally 構文

try:のブロック内で，例外が発生しても，または発生しなくても，finally:のブロックが必ず実行されます．

例題8-5の解説のプログラムでは，たとえtry:のブロックで例外が発生したとしても，常にfinally:ブロックに書かれたf.close()が実行されることになります．

(2) コンテキストマネージャとwith文

では，なぜcloseメソッドが書かれていないのに実行されるのかを見てみましょう．

コンテキストマネージャとは，コンテキスト（状況）をマネージ（管理）するという意味を持ちます．状況とは，例えば

- ある機器にログインして命令を実行し，ログアウトする．
- データベースファイルなどにロックを掛けて，排他的制御をした状態で処理を行い，最後にロックを解除する

などいろいろ考えられます．こういった状況を抽象化したものが，コンテキストマネージャが提供する環境です．

それでは，自作のコンテキストマネージャを作成して，with文で使い，その動きを確認しましょう．

クラスを定義するときに特殊メソッド「__enter__」「__exit__」を実装すれば，そのクラスはコンテキストマネージャとなります．

第8章　ファイル処理

■with文で自作したコンテキストマネージャクラスを使う

```
class TCM:                                    ← コンテキストマネージャクラスの定義
    def __enter__(self):                      ← 特殊メソッドの定義 __enter__()
        print("enter")                          特殊メソッドの定義 __exit__()
    def __exit__(self, exc_type, exc_value, traceback):
        print("exit")

with TCM():                                   ← オブジェクトの生成と実行
    print("Hello")
```

■実行結果

```
enter
Hello
exit
```

● 解説

　withブロックでTCMクラスのインスタンスを指定し，TCMオブジェクトが作成されます．with文に特殊メソッド「__enter__」「__exit__」が実装されると，「__enter__」メソッドで定義された処理，「with」ブロックの処理，「__exit__」メソッドで定義された処理が順に実行されます．

　したがって，

① withブロック内の処理が始まる前に，__enter__メソッドが呼ばれて実行され，"enter"が表示されます．
② withブロック内の処理が実行され，"hello"が表示されます．
③ ブロック内の処理が終了すると__exit__メソッドが実行され，"exit"が表示されます．

　この実行結果からわかるように，コンテキストマネージャとしての機能を実装されたクラスをwith文と組み合わせると，特殊メソッドで定義された処理が自動的に実行されます．

　ファイルクラス（open）にはコンテキストマネージャとしての特殊メソッドがあらかじめ定義されており，with文で利用されたとき，処理の最後にcloseメソッドが実行されます．

　したがってwith文を使ったファイル処理では，次のように書くことができます．

```
with open("ファイル名", "モード") as ファイルオブジェクト名:
    ファイルへの処理
```

練習問題

1. writelinesメソッドを使って，例題8-1のデータをリストとして保存してみよう．

■プログラム例

```
f = open("C:/data/mydata_list.txt", "w", encoding="utf-8")
for x in range(6):
    y = x ** 2
    L = [str(x), str(y)]
    f.writelines(L)
f.close()
```

2. ファイルオブジェクトを「書き込み」と「読み込み」ができるモードで作成し，データを確認して，新たなデータを追加しよう．

■プログラム例

```
file_ren = open("C:/data/file_ren1.txt", "r+")
m = file_ren.read()
print(m)
file_ren.write("プログラムから加筆\n")
file_ren.seek(0)
m = file_ren.read()
print(m)
```

3. ファイルオブジェクトを「書き込み」，「読み込み」，「追記」ができるモードで作成し，データを確認して，新たなデータを追加しよう．

■プログラム例

```
file_ren = open("C:/data/file_ren1.txt", "a+")
m = file_ren.read()
print(m)
file_ren.write("プログラムから加筆\n")
file_ren.seek(0)
m = file_ren.read()
print(m)
```

181

参考文献

序章

1) 小学校段階における倫理的思考力や創造性，問題解決能力等の育成とプログラミング教育に関する有識者会議「小学校段階におけるプログラミング教育の在り方について（議論のとりまとめ）」文部科学省, 2016-06-16.
   http://www.mext.go.jp/b_menu/shingi/chousa/shotou/122/attach/1372525.htm

2) 総務省「プログラミング人材育成の在り方に関する調査研究報告書」2015-06-05.
   http://www.soumu.go.jp/main_content/000361430.pdf

3) 山本利一・本郷健ほか「初等中等教育におけるプログラミング教育の教育的意義の考察」教育情報研究, 2016, 第32巻, 第2号, pp. 3-12.

4) Philip Guo「Python is Now the Most Popular Introductory Teaching Language at Top U.S.Universities」Association for Computing Machinery, 2014-07-07.
   https://cacm.acm.org/blogs/blog-cacm/176450-python-is-now-the-most-popular-introductory-teaching-language-at-top-u-s-universities/fulltext

第2章

1) 独立行政法人国立健康・栄養研究所「身体活動研究部」.
   http://www.nibiohn.go.jp/eiken/programs/program_kenko.html

第5章

1) Python Software Foundation「24.1.turtle – タートルグラフィックス – Python 3.5.3 ドキュメント」.
   https://docs.python.jp/3.5/library/turtle.html

第6章

1) 石本敦夫『Python文法詳解』オライリージャパン, 2014, p. 35.
2) 柴田淳『みんなのPython　第3版』ソフトバンククリエイティブ, 2012.

索引

Python 関数，メソッド

__del__	151
__init__	147
and	53
append メソッド	40
backward メソッド	
（back メソッド，bk メソッド）	80
begin_fill メソッド	85
bgcolor メソッド	87
break 文	73
Canvas	79
clearstamps メソッド	84
clear メソッド	86, 87
close メソッド	171
color メソッド	83, 85
continue 文	74
def 文	96
down メソッド	85
elif 文	54
else 文	54
end_fill メソッド	85
extend メソッド	43
False	53
fillcolor メソッド	85
flush メソッド	171
format メソッド	101
forward メソッド（fd メソッド）	80
for 文	66
from 文	119
goto メソッド	84

heading メソッド	85
help コマンド	12
home メソッド	84
if 文	49
import 文	119
input 関数	58
insert メソッド	40
items メソッド	69
keys メソッド	70
left メソッド（lt メソッド）	80
len 関数	39
mode メソッド	87
open 関数	169
or	53
pencolor メソッド	85
pendown メソッド（pd メソッド）	85
penup メソッド	85
pen メソッド	85
pop メソッド	41, 48
position メソッド（pos メソッド）	85
print 関数	14
pu メソッド	85
quit()	12
range 関数	70
readlines メソッド	174
readline メソッド	173
read メソッド	173
remove メソッド	41
reset メソッド	86, 87
return 文	104

183

索引

right メソッド（rt メソッド）............................80

screensize メソッド...87
seek メソッド..175
self...135
setheading メソッド（seth メソッド）............84
setposition メソッド（setpos メソッド）.........84
setx メソッド..84
sety メソッド..84
speed メソッド..84
stamp メソッド...84
str 関数...35, 170
super 関数...156

tell メソッド...176
towards メソッド..85
True...52
try ～ except 構文...177
try ～ finally 構文...177
tuple 関数..45

up メソッド..85

values メソッド..70

while 文...60
with 文..176
writelines メソッド.......................................171
write メソッド...170

xcor メソッド...85

ycor メソッド...85

記号

!=...51
%...23
*..23, 120
**..23
+...23
-..23
/..23
<...51
<=...51

=...25
==...51
>...51
>=...51

英数字

2 重 for ループ...71
break 文の処理の流れ.....................................74
continue 文の処理の流れ................................75
CSV ファイル...168
elif 文の処理の流れ..56
for 文の処理の流れ...67
IDLE..15
if else 文の処理の流れ....................................54
if 文の処理の流れ...50
Logo..78
logo モード..80, 81
Turtle Graphics..78
Turtle オブジェクト.......................................80
while 文の処理の流れ.....................................61
while 文の動作...62

あ行

アスタリスク..120
値...45
値渡し...113
以下..51
以上..51
位置引数..100
インタラクティブシェル.................................10
演算子...22
オーバーライド...155
オブジェクト..127
オブジェクト変数...................................138, 139

か行

外部モジュール...130
加算..23
カプセル化..140
可変引数..103
仮引数...98
仮引数のデフォルト値...................................102
キー..45
キーバリュー方式..45

184

索引

キーワード引数	102	評価	14
局所変数	111	標準モード	80, 81
組み込みオブジェクト	129	標準ライブラリー	130
クラス	127	ファイル処理	166
クラス変数	134	べき乗	23
グローバル変数	111	変数	25
継承	152	変数名の付け方	27
減算	23		
コマンドプロンプト	12		
コンストラクター	147		

ま行

末尾再帰呼び出し	115
メソッド	134
モジュール	119
文字列	32, 69
文字列データの定義	33
文字列の操作	34
戻り値	104

さ行

再帰関数	115
再帰呼び出し	115
算術演算子	23
参照渡し	113
辞書	45, 69
辞書の要素の削除	48
辞書の要素へのアクセス	46
辞書の要素への変更と追加	47
実引数	98
自分自身を示す引数	135
乗算	23
剰余	23
除算	23
スコープ	111
スコープの制御	140

や行

予約語	28
より大きい	51
より小さい	51

ら行

リスト	35
リスト型データの作成	36
リスト内包表記	111
リストの連結と拡張	42
リスト要素へのアクセス	37
例外処理	177
ローカル変数	111
論理演算子	53
論理値	52

た行

大域変数	111
代入演算子	25
多重継承	157
タプル	43, 68
タプル型データの作成	44
タプルからリストへの変換	44
タプル要素へのアクセス	44
データ型	23
テールリカージョン	115
デストラクター	151

は行

比較演算子	51
等しい	51
等しくない	51

185

【著者紹介】

本郷健（ほんごう・たけし）

学歴　埼玉大学大学院工学研究科修了（1978年）
　　　博士（学術，埼玉大学）（2000年）

職歴　埼玉県立南教育センター指導主事兼所員
　　　川村学園女子大学教育学部教授
　　　大妻女子大学社会情報学部教授

著書　『主体的に学び学習意欲を育てる教学改善のすすめ』（共著，ぎょうせい，2016年）
　　　『ディジタル世代のための情報基礎』（共著，ムイスリ出版，2012年）
　　　『StarLogoプログラミング——情報教育にいかす分散処理シミュレーション』（編著，東京電機大学出版局，2009年）
　　　『コンピュータの基礎［第2版］』（共著，ムイスリ出版，2008年）
　　　『情報A』『情報B』『情報C』（共著，開隆堂出版，2005年）
　　　『ロゴライター2で学ぶLogo』（共著，ロゴ教育システム，1994年）ほか

松田晃一（まつだ・こういち）

学歴　東京農工大学大学院工学研究科数理情報工学専攻修了（1986年）
　　　博士（工学，東京大学）（2003年）

職歴　日本電気株式会社研究開発グループC&Cオープンシステム技術本部
　　　株式会社ソニーコンピュータサイエンス研究所リサーチャ
　　　ソニー株式会社技術開発本部統括部長・主幹研究員
　　　大妻女子大学社会情報学部教授（2013年）

著書　『生成Deep Learning——絵を描き、物語や音楽を作り、ゲームをプレイする』（訳書，オライリージャパン，2020年）
　　　『Pythonライブラリの使い方——手軽に応用プログラミング』（著，カットシステム，2019年）
　　　『詳解OpenCV 3——コンピュータビジョンライブラリを使った画像処理・認識』（訳書，オライリージャパン，2018年）
　　　『プログラミングROS——Pythonによるロボットアプリケーション開発』（訳書，オライリージャパン，2017年）
　　　『行列プログラマー——Pythonプログラムで学ぶ線形代数』（訳書，オライリージャパン，2016年）
　　　『p5.jsプログラミングガイド』（共著，カットシステム，2015年）
　　　『HTML5 + JavaScriptによる画像・動画像処理入門』（著，カットシステム，2014年）
　　　『WebGL Programming Guide：Interactive 3D Graphics Programming with WebGC（OpenGL）』（共著，Addison-Wesley Professional，2013年）ほか

学生のための Python

2017 年 10 月 10 日　第 1 版 1 刷発行	ISBN 978-4-501-55570-2 C3004
2021 年 1 月 20 日　第 1 版 2 刷発行	

著　者　本郷健・松田晃一
　　　　© Hongo Takeshi, Matsuda Kouichi 2017

発行所　学校法人 東京電機大学　　〒120 8551　東京都足立区千住旭町 5 番
　　　　東京電機大学出版局　　　Tel. 03-5284-5386（営業）03-5284-5385（編集）
　　　　　　　　　　　　　　　　Fax. 03-5284-5387　　振替口座 00160-5-71715
　　　　　　　　　　　　　　　　https://www.tdupress.jp/

JCOPY ＜(社)出版者著作権管理機構 委託出版物＞
本書の全部または一部を無断で複写複製（コピーおよび電子化を含む）することは，著作権
法上での例外を除いて禁じられています。本書からの複製を希望される場合は，そのつど事前
に，（社）出版者著作権管理機構の許諾を得てください。また，本書を代行業者等の第三者に
依頼してスキャンやデジタル化をすることはたとえ個人や家庭内での利用であっても，いっさ
い認められておりません。
［連絡先］Tel. 03-5244-5088，Fax. 03-5244-5089，E-mail : info@jcopy.or.jp

編集協力・組版：㈱トップスタジオ　　印刷：三美印刷㈱　　製本：渡辺製本㈱
装丁：鎌田正志
落丁・乱丁本はお取り替えいたします。　　　　　　　　　　　Printed in Japan

「学生のための」シリーズ

学生のための
Excel VBA　第2版

若山芳三郎 著　　B5判・144頁

Excel VBA を用いて Excel を十二分に活用するための入門書。日常のデータ処理において，必要度の高い項目を精選して収録。マクロから基本的なプログラミング，ユーザーフォームの作成まで，例題演習形式で解説。

学生のための
情報リテラシー
Office 2016／Windows 10版

若山芳三郎 著　　B5判・196頁

パソコン・キーボードの操作から，文書・表計算・プレゼン資料の作成，データベース，ウェブ活用，メール，HTMLまで，重要な項目を精選。実践的な例題と豊富な演習問題で実力がつく。

学生のための
基礎C

若山芳三郎 著　　B5判・128頁

C言語を初歩から学び，実際にプログラムを打ち込みながら学習を進めていく演習型のテキスト。テキストにそってプログラムを打ち込んでいけば自然とC言語の知識が習得できる。初めてC言語を学ぶ人向け。

学生のための
詳解C

中村隆一 著　　B5判・200頁

C言語を基礎から学ぶための課題提示型演習書。C言語の必須文法を流れ図や考え方を示しながら丁寧に解説。例題にそって学習し，練習問題をこなすことで，確実に実力のつくテキスト。

学生のための
基礎Java

照井博志 著　　B5判・144頁

OS などの環境を選ばずに使える，Java について，プログラムの基礎を中心として解説。1つの課題を解きながら文法を学ぶ「課題学習型」なので，プログラミング技術の基礎がしっかりと身につく。

学生のための
詳解Visual Basic

山本昌弘・重定如彦 著　B5判・240頁

Visual Basic を基礎から学ぶための課題提示型演習書。プログラミング作成の考え方を示しながら，基礎から応用まで必須文法を丁寧に解説。章末問題や Tips も豊富。VB 2008 対応。

学生のための
PHP言語

山本昌弘 著　　B5判・128頁

ウェブシステム作成に使われる PHP プログラミングを学ぶ課題演習テキスト。前半でプログラムの基本的な文法を習得し，後半では実際に簡単なウェブシステムを構築することで，実践的な力がつく。

学生のための
画像処理プログラミング演習
Visual C++ .NET版

村上伸一 著　　B5判・168頁

Visual C++ .NET を用いた画像処理のプログラミング演習書。課題を解きながら学習が進められるので，効率よく画像処理がマスターできる。14 個の画像処理方法を精選しているため，セメスター制にも対応。

＊定価，図書目録のお問い合わせ・ご要望は出版局までお願いいたします。
URL　http://www.tdupress.jp/